そば学大全

日本と世界のソバ食文化

俣野敏子

講談社学術文庫

目次

そば学大全

日本と世界のソバ食文化

序章　ソバとの出会い——私の研究歴

ソバとそば

中央アルプスの麓、標高七〇〇メートルといえば多分信州の高原になるのだろうが、毎日住んでいると高原の気分はしないし、夏に涼しいとは感じない。紫外線はよくないとかいわれるが、防ぎようもないほど浴びて、たらたらと汗を流して生活しているのが夏の日々である。それが八月の終りに近づくと急に秋を感じて心細くなる日がやってくる。ちょうどその頃、このあたりではソバが満開を迎え、その上をミツバチやアブが低い羽音を立てながら飛び回っているのを見るようになる。そして、花はその虫たちを誘うのだろうか、むっとするような特殊な匂いを発散させている。

「ソバさんが虫さんとの話し合いで決めた匂いを私が好きじゃないといったりしてゴメンね」と謝りながら、私はソバ畑に入っていく。

何が専門ですかと問われて、ソバですと答えると、多くの人はニコニコしながら、じゃあうまく打つコツを教えて下さいよ、とおっしゃる。何やら肩身の狭い気分になりながら、「あのー、植物のソバなのですが……」と答える声は小さくなってしまう。私が長々とつき

ソバの花で花粉を媒介するシマハナアブ

あってきたのは同じソバでも「そば」ではない。文字に記せばソバは植物で、それでつくるいろいろの料理も表すようだと気づいてもらえそうだが、音にすれば麺の「そば」を連想するのが日本の常識かもしれない。イントネーションがちがうのかとも思うが、これはまた地方によって異なるから何とも決めかねる。そんなことを思いながら三〇年近く過ごしてきた。

今になって考えると、私がソバの研究を始めた時期は、「そば」よりもカレーやラーメンのほうがはるかに人気の高かった時代である。それが今では、健康食、美容食、はたまたボケ防止にと鰻登りに人気上昇中である。全体の消費量は研究を始めた当時の三倍程度になっているが、日本のソバの生産量はあまり増えず、輸入量はどんどん増加している。需要の増大からなのか、国産ソバの人気からか、村の活性化の目玉だからか、とにかく、最初の頃は聞き取り調査に出かけても、「何だソバか」と振り向いてもくれなかった村役場の人たちが、ニコニコ顔で迎えてくれる。そこで私は嬉しくなるかというと、問題はそれほど簡単ではない。こんな話はあとにゆずろう。

お天道様に頼って

　研究を始めた当時なぜソバを研究対象に選んだのか、なぜ今までソバとつきあってきたのかなど、実はどうもはっきりわからない。いや、選んだ理由はかなりはっきりしている。信州大学に赴任して来て、研究費も研究機器も図書もまるで乏しいのに驚いた。あるのは燦々《さんさん》と輝く太陽ときれいな空気と土だけである。ならばお天道様に頼って生きていきましょうと、信州らしい作物のソバに決めたまでの話である。

　今ならば、研究費のとれる研究をやれと勧められているが、当時はそうではなかった。いや多分私はそういう方向に進む気質を持ち合わせないのだろう。とにかく、紙と鉛筆と物差しで勝負をして、それでダメなら私の頭はやっぱり悪かったのだと、そっと自分を笑いましょうと、心を決めた。その三つの道具でお日様に頼ってやっていた研究は、ソバ以外にもいくつかある。それらの研究結果は……、いや、主題から外れるからやめておこう。とにかく、お日様は私の体を思いもかけないくらいに丈夫にして下さった。

　とはいえ、輝く太陽やきれいな空気をありがたいと思い続けられたわけではない。紫外線はガンの危険があるといっても、今すぐに発病するわけでもあるまいしと、大して気にかけないで真っ黒に日焼けして過ごしていたが、まぶしさには参った。ソバの研究を始めて二年ばかりは、やたらに土管の中に入りたいと感じ、ノイローゼにかかったのかと思ったことがあったが、京都の曇りがちな空の下で育った目は、輝く太陽の光に慣れなかっただけのことである。

信州はソバどころだから、育てるのは簡単だろうと予想していたが、それも甘かった。ソバはそれほど簡単に多収穫になるものではないと少しずつわかりかけてきた時には、引くに引けなくなっていたとでもいえばよいのだろうか。これが腐れ縁というものだろうか。いや、腐れ縁といいたいのはソバのほうかもしれないと感じるようになっていた。

つまり、ソバは奇妙な作物だけれど可愛いなー、と感じるようになってしまっていたといい換えればよいのだろうか。

一九九五年の夏に、伊那にある農学部でソバの国際シンポジウム第六回を主催したが、そのような経験のない学部で、常識的な意味では「国際的な会議」の準備にあたるスタッフにもまるで欠ける中で、猛然と働く学生たちを見ながら、どうしてこの日が来たのかしらと、ふと考えたものである。学生スタッフさえ活発なら、何でも可能だと参加した諸外国の研究者に感じさせた。「指示待ち族」の言葉がもう風化し始めていた日本の学生たちである。私が指示を出したからではない。むしろ私は、そこまでやったら死んじゃうよと、ブツブツいっていた。私にも考えつかない案を次々に実行していた彼らは、お天道様とでも相談していたのだろうか。

わが研究

少し具体的な研究内容に触れさせていただこう。

最初にソバの研究を始めた年は各地から集めた四〇ばかりの系統を比較することから始めた。その中に中国の品種が一つ混じっていて、それは真っ赤な花をつけた。ソバの赤い花を見たのは初めてだったから驚いた。一九七一年の夏だから、まだ中国政府が真っ赤な時代である。

次の年、それからとった種を播いたらピンクになっていて「思想の転向をさせてやった」と、大喜びをした。ソバが自分の花で受精できない虫媒花で、隣のものとすぐ混じってしまうことは、当時まだそれほど深刻に考えていなかった。花の色の遺伝をやればおもしろかったかなと、今になってふと思いもするが、私は研究の展開を遺伝にも育種にも持っていかなかった。その理由は本文で紹介することにしたい。とにかく各地の在来品種を集め比較するのがおもしろくてそれを続けていた。

一方では、これらの在来品種を集めるために全国を回っていたから、いろいろのエピソードを聞く機会も多かった。たとえば前記の交雑に関係した話の一つはこうである。長野と新潟の県境で、高等学校の先生が早生の品種をつくろうとがんばって育成に成功し、かなり普及したが、その結果、付近のソバが全部ダメになったと、老舗の蕎麦屋さんが怒っていた。一度交雑してしまえば元には戻らないと嘆く蕎麦屋さんの気持もわからないではなかったし、高校の先生が本業の仕事のほかに努力している姿も目に浮かんで痛々しい気分にもさせられた。ソバで新しい品種をつくる過程がどれほどややこしくて、手間のかかる仕事なのかは、世界のソバ研究者たちがため息をつきながらやっている仕事なのだと述べるだけに、ここでは一応とどめておこう。イネやムギなどとは桁ちがいのものなのだ。

またほかにも、先の蕎麦屋さんの愚痴と同様の話をそこここで聞いた。一度など、そばを食べて「おいしかったよ」とちょっとお世辞をいったあとで、「ところでこのソバは近くで栽培しているものなのですか」と話を始めた途端に、「大学が研究なんかやるからソバがダメになるのだ」と、怒鳴られた。この人は私の顔を知っているのかしらとも思い、そして私はその人が怒るような状況になるような研究は肝に銘じてやらないことにしていると告げようもなく、すごすごと店を出た。いかに学力が低下したといっても、大学生に遺伝の仕組みを教えるのは易しいが、蕎麦屋のおじさんに、しかもカリカリしている時に、それを伝えるのは至難の業である。

蕎麦屋さんで、自己紹介を最初にする場合もあるし、話の途中でする時もあるが、単にそばを食べるだけの時は黙って観察していることにしている。食べるそばと私の関係を白状すると、今ではそばがだんだんのどにつまるようになってきた。宣伝ばかり大きい場合とか、麺とたれの相性が悪いものに出くわしたりすると、まるでソバアレルギーの前兆かと感じるほどに体調が悪くなるようになってしまった。

話を元に戻そう。

とにかく私はソバが多収穫になる条件を知りたかった。そしてその法則性をはっきりさせ、多収品種がほしかった。そして、蕎麦屋のおじさんたちを嘆かせない方法で新しい品種を栽培する方法も明らかにしたいと願っていた。

だから、日本中の品種を集めいろいろの方法で試験してみた。しかし、これほど効率の悪い作物が世の中にあるのかと思えることばかりが続いた。イネもムギもアワやヒエでもダイズでも小さな実をつけるが、どれもみな自分の花の雌しべと雄しべで受精して稔る「自殖性」である。ソバだけがそれができない。たくさん花がついても、いやたくさん花がつくほど実にならない。稔った実はすぐに落ちる。光合成の力は他の作物よりぐんと低い、などなどと挙げればきりがない。最初は自分の研究のやり方がまずいのかと心配になってきた。

しかし、並行して研究していたイネもダイズも立派に育ち、収穫は十分だった。とれない場合はその理由もわかり、それらの法則性も一応はつかめた。なのに、ソバだけは何ともならないのである。くやしかった。日本の品種がダメなら外国のものをと集めてみたり、外国の研究者と共同研究をしてみたりしたが、やっぱりダメだった。

この間ソバ一筋に歩いたといえば嘘になる。しかし、ソバから離れることはできなかった。信州のソバだけではなく、世界のソバに興味を持ってしまった。私は植物の生理とか生態に興味があり、おこがましくもイネを研究してきたそれまでの実力が生かせるだろうと考えていたのだが、研究を続けている間に、ソバは作物としては何とも奇妙な植物だと気がついた。少なくとも私のイネの常識は役に立たないと知り始めた。

古くからソバを栽培してきた人たちや老舗の蕎麦屋の主人が新しい品種や栽培技術を嫌うのを、単に保守的だと考えてはいけないのではなかろうかと感じ始めていた。そして、ソバがいったい今までどんな歴史をたどってきたのかを知らずにはおれなかった。もちろん、山里で聞いたお爺ちゃんとお婆ちゃんの話がおもしろかったからでもあるが。

世界の「ソバ家族」と

そうこうしている時に、スロベニアからソバのシンポジウムの招待状が舞い込んできた。あとでも述べるようにアレと感じ、どんな人たちがどのような研究をしているのかと、何かの参考にしたく思ったのはたしかだが、一方では実に不真面目な動機で参加した。いつか退官して暇になった時に一人で世界を旅するための準備運動を始めようと、ちょうど期限の残っていたパスポートの利用を思いついたまでである。

しかし動機が不純であろうとなかろうと、それがきっかけで多くの外国人の研究者と共同研究を始めたり、また国際シンポジウムの主催をすることになったりしてしまった。そして、その間に「お宅の国ではソバをどのようにして食べるのか」と、お互いの国の食文化を見たり聞いたりすることになった。この本は私のそんなサイドワークの蓄積である。

作物のソバは現代の生産効率から見れば一種の落第生である。その話は次の章にゆずるが、その落第生が何やら可愛らしく感じられていた理由が、こうした世界の人びととのつながりの中で、いろいろの食べ方を知る中で少しずつわかりかけてきた。日本の中で、あるいは世界で古くから栽培されてきた「ソバ」が、今の私たちに何を告げたがっているのか、「ソバ」の言葉が少し理解できるようになってきたというところだろうか。

農業政策などの変化で

最初の頃は村役場を訪ねて「ソバを栽培している家を教えて下さい」というと、「何だ。ソバか」という顔で迎えられ、「そんなものつくってる家はないよ」とあっさり追い返されることがしばしばだった。そのお役所の裏へ回ればちゃんとソバが栽培されているにもかかわらず……、である。当時は農業改良普及員でさえ、ソバに品種があるのかと驚く人も少なくなかった。ミツバチで交配する他殖性作物だといっても、「フン」とまるで気のない返事だった。ところが今はちがう。同じようにソバを栽培してますかとたずねると、「ハイハイ」と、いとも嬉しそうな声が返ってきて、出かけてみると、まるで小さな花壇のようなものだったりする。ソバを扱っているだけで何やら大きな仕事をしているように。対応の大きな差が生じているのは、どちらかといえばお役所関係といえるかもしれない。

かつてのそっけない対応によって、私は別段損だけをしたわけではない。それのおかげで外国での調査の場合でも、「うちの国はソバなんて栽培していない」とはねつけられても粘る方法を会得したし、そのような言葉が出てくる社会経済的背景も推測できるようになったのだから。

たとえばチェコスロバキアの農業省を訪ねた時に、同じような回答があった。ロシア語の本を見せて、ここに書いてあることは、嘘かと迫ってみせたら、長々と待たされた上で、かつては栽培していたが今はないと弁解たらしく説明された。しかし庁舎の外では、おじさんたちがどこへ行けばソバ畑があるかを知っていた。まだチェコスロバキアがソ連の優等生だった時代の話である。こんな例はこの国に限った話ではない。そのチェコで二〇〇四年に第九回のソバの国際シンポジウムが開かれることになった。ソバのように生産効率の悪い作物を取り扱うことを隠すのは、効率のよい作物を追いかけなければいられない状況にあるどこの誰にも当てはまる話のようである。かつての日本がそうだったようなものだろう。

日本の米の備蓄が過剰になり始めたのは一九六五年（昭和四〇）頃からで、一九七〇年に水稲の生産調整が始まって、ソバは特定転作作物としての指定を受け補助金を受けることになった。それまで栽培面積の減り続けてきたソバが急激な増加を余儀なくされたために、播種するにも種子がない状況がしばらく続いた。それまでに私が訪ね歩いた山里の老人たちは、とにかく種を残すだけでもと、つくり続けてきたから、その土地に適した種は確保していたが、補助金目当てのソバ畑はソバなら何でもよいからと、とにかく播いていたらしい。転作面積の調査は生育のごく早い時期にあるので、あとはすき込めばどんな品種でもソバでさえあればよいと。これは笑うより仕方がない話だった。しかし、実のつくまでおいておく場合も多く、所々で赤い花が見られるといわれるようになった。どうも製粉用に輸入した中国の種を播いていたらしかった。

それぞれの地域の環境条件に適応したものとして大切に保存されてきた在来品種が、ただでさえ残り少なくなってきている上に、まるでちがうところから持ち込まれた遺伝的素質を持つものと交雑してしまうのだから、多収なんて思いもよらない話である。しかし、どんな場所にどのような性質の在来品種が残されてきているのかを研究してきた私にも、なすすべがなかった。急に日の目を見始めたこの頃がソバの受難の時期だったのかもしれない。

明治以降急速に減少してきたソバの栽培面積は、一九七〇年頃、つまり私が研究を始めた頃はまさに風前のともしびだった。水田転作で一度増加し始めたが、七五、七六年に最低となり、転作田でも増えなかった。ソバどころといわれてきた信州で、当時の転作田のソバ栽培が少ないのを見て私は何やらほっとしたものである。

その後、需要は急増し、それにともなって輸入量は増加の一途をたどっている。生産調整が開始されてから二十数年の間に、種が不足していた頃に交雑したものは、それぞれ地に適応したものが残されて、ましになってきているのかもしれない。しかし、日本のソバの栽培面積はほとんど増加していない。単位面積あたりの収穫量は横ばいか、むしろ低下している。努力をしてみても、格安の輸入ソバに比較してはとてもまともな収益の上がる作物とは考えられないからだろう。

現在、日本が輸入しているソバは世界市場の約半分である。輸入量が増加してきているのは日本だけでなくて、ヨーロッパの国々もである。彼らが日本と同じ麺のそばを食べるからではない。その話は追々あとの章で述べることにしよう。

筆者は相変わらず戸惑い続けている。何を戸惑い、何を願っているのかの一部分でもあとの章に記せたらよいが、と思っている。

第一章　植物としてのソバ、作物としてのソバ

植物としての基本的性質

タデ科ソバ属に分類されるソバ（学名 *Fagopyrum esculentum* M.）は植物であると同時に作物である。ソバは、人間によって野生植物から人間の都合によいように少しずつ変えられてきたものだから、野生植物そのものではない。ソバの野生種と推定されるものは中国の雲南近くにあるが、それも現在の時点で、どうやらたしからしいというだけである。ここでは私たちが手に触れることのできるソバを通して、植物としての性質を取り上げることにしよう。

双子葉の他殖性植物

信州では、高原のソバ畑は八月の末に満開を迎え、その畑の上をミツバチやアブが低い羽音を立てながら飛び回っている。花はその虫たちを誘うのだろうか、むっとするような特殊

図表1　ソバの花

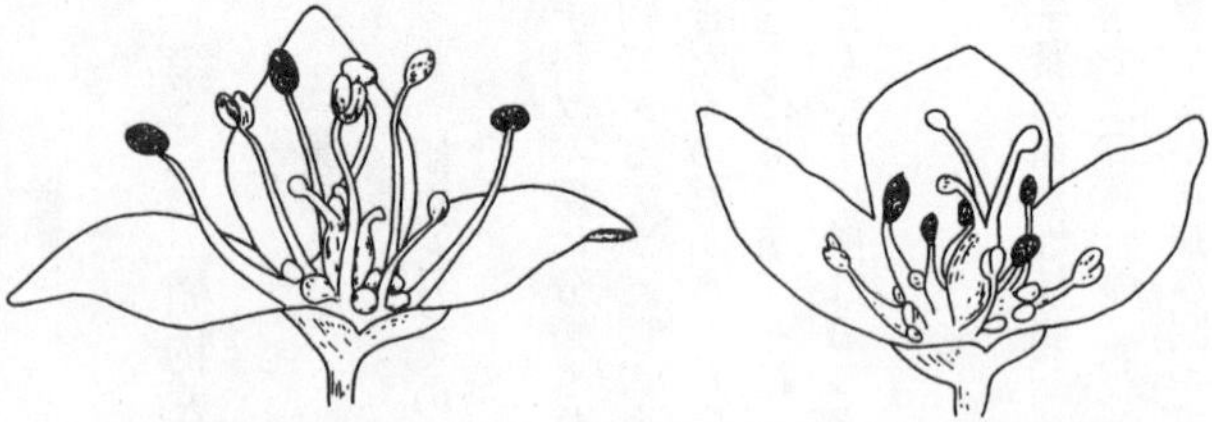

左：短花柱花（雌しべが短く、雄しべが長い）右：長花柱花（雌しべが長く、雄しべが短い）

な匂いを発散させている。ソバの花は白く小さな五枚の花びら（植物学的には花被《かひ》）があり、それに囲まれて外側に五本、内側に三本の合計八本の雄しべと、真ん中には基部に三稜形の子房があって先が三本に分かれて三つの柱頭からできている雌しべと、蜜を出す蜜腺からなっている。

日本のものは花びらが白いが、外国のものではピンクや赤いものが珍しくない。この花びらは虫を呼ぶためにあるようで、花びらをとってしまうと、蜜腺があっても虫はあまり来なくなる。花びらの色が赤いのは、寒冷地や標高の高いところで虫を呼ぶために有効であるとの中国の研究者の報告もあるが、まだはっきりはしていない。いずれにしても、虫媒花であるソバの工夫の一つなのかもしれない。

なお、五枚の花びらは三枚が大きく、受精のあとで三稜の子房が肥大して種子となる時に、この三枚がソバの三つの面を覆う形になる。そして、残りの二枚の花びらで三稜の角のうちの二つを覆い、一つの稜は裸のままで残される。

雌しべは柱頭、花柱、子房に分けられるが、柱頭は花柱の先端の粘性のある表皮組織で、他の種の花粉を排除し、花粉の判別をおこなうところである。花柱は花粉が柱頭についた時に伸ばす花粉管との適合性によって、受精に用いる花粉親の遺伝子型を選別している。

話が前後したが、花によって雌しべの長さと雄しべの長さの関係には二つのタイプがある。一つは雌しべが雄しべより長い「長花柱花」、もう一つは雌しべが雄しべより短い「短花柱花」で、一本一本のソバはそのどちらかのタイプの花をつける。受精は短花柱花と長花柱花との間で起こるので、花型の異なるものの間で受粉しないと結実しない典型的な他殖性植物である。もっとも、時に自家受精をする場合があるが、それについてはあとで述べることにしよう。

花粉は短花柱花のそれは大きく、長花柱花のものは小さい。それらの二つの花型の花は虫の助けを借りて花粉を交換して受精するわけである。虫との共同作業はなかなか巧妙である。ソバの花は日の出とともに開花し、一時間ばかりすると雄しべの葯《やく》（花粉をつくる袋状の部分）が開くが、その頃になると虫が集まってきて、花被にとまり、中へ頭を突っ込んで蜜を吸っている。そして、腹や胸につけた他の花の花粉を柱頭の上にすりつける。虫が活動を終る昼過ぎには雄しべの葯にのっていた花粉はほとんどなくなっている。

短花柱花が長花柱花の花粉を受け取ると、花粉管が元気よく伸びて受精するが、短花柱花の花粉を受け取ると、花粉管が伸びなくなるか、胚のうまで伸びずに花柱の途中で止まってしまう。前者を適合受粉、後者を不適合受粉という。長花柱花についても同じである。

ソバの花の花びらはいつまでも落ちないから、収穫の時にでも見ていただきたい。受精しないで花びらだけのもの、受精して子房が少しふくらんだだけのもの、半分くらいの大きさの実など、いろいろで、きっちり稔った実になるのは咲いた花の一割にも満たない場合が多い。虫は雨が降ると飛ばないし、風の強さにも影響される。気温が低くなると虫の動き出す時刻は遅くなる。こんな時は、雄しべの上の花粉の残り具合で虫の訪花の程度がよくわかる。そうした虫の不活発な日に咲いた花を追跡調査してみると、受精していないものが多いことからも納得させられる。

虫とソバの共同作業は実にみごとに成立している。だから、ソバ畑のむっとする香りは花粉を運んでくれる虫への広告であり、虫への報酬は蜜とタンパク質、デンプン、しょ糖など を含む花粉といえるかもしれない。イネやムギなど、ほとんどの穀類はイネ科の単子葉で自殖性の作物である。ソバがイネ科でないことは、虫との関係以外でも、次に述べるいろいろの点で問題になってくる。

「無限伸育性」と脱粒性・倒れやすさ

ソバ畑が満開になったといっても、一つの個体を見ると、しっかり咲いている花もあれば明日にも咲きそうな白いつぼみもあるし、さらにまだまだ硬くて緑のつぼみもある。もっとよく見ると、これから葉の出る枝もある。それらはさらに遅れてつぼみがつき、開花する。開花してから数日たつと、受精した実は茶色く色づいてきて、数日で黒い実になるが、他の花がまだこれからたくさん咲こうとしている時に落ちてしまう。

イネのように茎の先端に花（穂）がつく場合には葉が全部出終ってから花が咲く。イネ科では茎の頂端の芽が葉芽から花芽に変ってからいっせいに花が咲く。

ソバでは葉の腋に花芽ができるから、葉の生長と花の生長が並行して起こる。このような性質を「無限伸育性《むげんしんいく》」という。葉の生長が盛んになるような条件、つまり日長が長い場合か窒素肥料が多すぎるような場合には、このダラダラと伸び続ける性質が極端に出て、開花した花は奇形になって受精できないものになってしまう。雌しべの柱頭の先端の花粉を受け取る部分の粘液がなくて花粉がつかなかったり、もっとひどい場合には、柱頭が発達しなかったり、花柱が半分くらいの長さで先は柱頭がなかったりするから、受粉さえできない。

無限伸育性の問題はまだまだたくさんある。刈り取って日照と風通しのよい場所に干しておくと、未熟の種子がそのうちに黒くなりふくらんでくる。刈り取り後も葉が光合成をして炭水化物を種子に送り込んでいるからである。

無限伸育性で開花がそろわないと人間にとってはほかにも困ったことがある。ほかの花が咲いていたり、まだつぼみのままだったりするのに、早いものは黒い実になってしばらくすると落ちてしまって収量が減る。この実は土の上にごろごろところがっており、暖かい時期なら雨が降るとその年のうちに、あるいは秋に落ちると次の春に芽を出している。

だから、春先に前年のソバ畑へ行くとソバの芽が元気に育っている。この畑は春に播いたもので発芽が悪くてこんなに不ぞろいなのかと感じたりするくらいである。そこを耕して新しく種を播いても、前年の落ちた種がいつまでも芽を出すから、次の年の品種がちがえば混じってしまう。

このダラダラといつまでも咲く花の咲き方は、人間にとっては困る問題だが、ソバにとっては好都合な話なのである。花の寿命はふつうは一日で、朝咲いて夕方にはしぼんでしまうので、雨が降ったり、強風が吹いたりすると虫が来ないから、いっせいに咲くようではその個体の子孫は残せないことになってしまう。いつまでも次々に咲いていれば、そのうちによい日にめぐり会うというものだ。つまり、無駄花をたくさんつくることになっても遺伝子の多様性を残すほうが野生生物としては都合がよい。

他殖性がなぜ野生の植物に都合がよいかというと、栽培植物の場合は人間がその植物に適した環境をつくって育てるが、野生の場合は不適当な環境では少数の子孫でもよいから誰かが生き残るような性質、つまり遺伝子の多様性が必要になってくるわけである。

野生イネも脱粒《だつりゅう》(種子が成熟すると自然に離れて落ちること)するが、今のイネはほとんど脱粒しない。これは人間の絶え間ない努力の所産であり、これを可能にした最大の要因は自殖性ではないだろうか。トウモロコシもコムギも同じように自殖性である。穀物を栽培する側からすれば、ここに述べた他殖性も無限伸育性も脱粒性も実にやっかいな問題で収量低下の基本的な要因になっている。

イネやムギは生育の中期までに生長するのは葉ばかりだから、風に吹かれてもさらさらとなびいている。穂を支える茎は出穂の一〇日ほど前から少しずつ伸び始めるが、急速に伸びるのは出穂の二日前である。だから生育の初期や中期に倒れる心配はない。それに対してソバは生育の初期から茎が伸び、いつでも倒れてしまう危険にさらされている。しかも、茎の構造も化学成分もイネやムギとちがっていて、手でさわってみればわかるように水分が多くて柔らかい。

人間に都合のよい性質のいろいろ

ソバは温度が二五度前後ではふつうは三日で発芽し、その後は約三日で一枚の葉が出て、二〇日足らずでつぼみがつき、花が咲いて、約七五日で収穫できる、きわめて生長の速い植物である。

ソバは五時間から二〇時間の日長に感応して花芽ができて開花する植物であるが、その時間が短いほど早く開花する。日の長さの影響はその時の温度にも、植物体の生長の度合いにも影響され、品種によってもちがうが、ここではくわしい話は省かせていただこう。

また、生育に土壌をあまり選ばない植物で、重粘土以外は生長に大きな影響はない。若干塩基性でも、強酸性土でも、ある程度の生育をとげることができる。また、特別に肥料を与えなくてもよく生育する。さらに、かなりの乾燥地にも耐える性質がある。

冷涼な気候に適していて、ふつうは六月の等温線が摂氏一七度のあたりまで生育可能で、標高では長野県の一五〇〇メートルあたり、ヒマラヤ山麓の二四〇〇〜四三〇〇メートル、北はスカンジナビア半島南部の北緯五八度あたりである。このように、寒さにかなり強い植物ではあるが、発芽のあとの霜に弱いのはちょっと気をつけなければならない点である。

病害や虫害にあうことが少ないので、栽培に手間がかからない作物である。また、ソバ畑に雑草が少ないのは、ソバが雑草の生長を抑える作用も持っているからだ。それは、一つにはソバの生長速度が速くて葉が地表を覆うので、あとから発芽した雑草の光合成を抑制するのと、もう一つはソバ自身が雑草の発芽と生長を抑制する物質を根から分泌するためである。

後者のような作用は他感作用とか遠隔作用、あるいはアレロパシーと名づけられている。よく知られている例ではセイタカアワダチソウが周辺の植物を駆逐して旺盛な群落をつくるように、ある種の阻害物質を出して周辺に生えている植物の生育を阻害するためである。研究はまだあまり進んでいないが、ソバの場合にはイネ科植物の発芽や生長を抑える作用がある。

食糧も農地も不足していた時代の工夫

歴史的に見ると

日本各地の遺跡から発掘された炭化粒や花粉から、縄文時代にすでにソバが日本へ渡来していたのはたしかではあるが、どのように栽培されていたかはわからない。文字に残された最初の記録は七二二年（養老六）の元正天皇の詔であり、次が仁明天皇（在位八三三〜八五〇）の時である。中世も末期になるとソバを年貢にしている記録が徐々に現れるから、かなり多くの栽培があったと推定されよう。しかし、どのような栽培がおこなわれていたかは明らかではない。

江戸中期以降になると多くの農書が残されており、ソバも再三登場する。明治以降は近代育種が強力におしすすめられる時代に入り、イネ、ムギ、ダイズなど多くの作物に新しい品種が育成され、それらの作物の栽培技術も進んで、格段の増収が得られるように急速な変化をとげてくる。こうした農業の変化の中で、ソバの持つ性質はどのように利用されてきたのかを次に述べよう。

最初のソバ栽培を勧める詔勅の前後を見ると、当時は干ばつによる飢饉が続いており、ソバの乾燥に強い性質に注目して栽培を勧めたのは明らかである。

江戸期、そしてそれ以降もよく利用されたのは、ソバの生育期間が短かったからではないかと考えられる。いかにイネ、ムギ、ダイズその他多くの作物の育種や栽培技術が進んできても、日本に食糧あまり、農地あまりの時代が来たのは長い歴史の中で考えればごくごく最近のことである。それまでは畑を一年中可能な限り、目いっぱい使うことが何より大切であった。さらに、新しい土地を開墾し、肥沃になっていない場所に栽培できる作物であることも重要であり、人間が生き延びるための必要条件であった。

開墾地はより寒い北へ、あるいは信州のような山国では標高の高いところへ広げられていく場合が多かったが、暖かい期間が短く、生育期間が短くても育つソバの性質は、それだけでも有利なものであった。また焼畑は戦前までは全国的に広がっていたから、山林の木を焼いてつくった焼畑の最初の作物として栽培された。川に近いところとか灌漑施設のあるところでは、可能な限りイネを栽培していたから、前記のような事例に出てくる土地の多くは水が不足する場合が多かったので、ソバの耐干性はまた重要な形質であっただろう。

作物の栽培に肥料を施用するようになったのは江戸の中期頃からであるが、それはワタ、ナタネ、タバコなどの換金作物や野菜などにしか行き渡らなかった。下肥つまり糞尿が貴重なものとして都市部にまで買い集めに回ってきていたのはそれほど古い話ではない。これを記憶している人はもうそれほど多くはないかもしれないし、若い人たちには奇異に感じられる話だろうが、現在のように人糞尿を化学処理し廃棄することにお金を払う日が来るなどと予測もできない日々が長かったのである。だから、肥料をあまり必要とせず、前に栽培した作物が吸収し残した肥料で育つというのは実に貴重な性質であった。

「めくそ飯」を食べた日々

江戸の農書に「ソバめくそ」の売買の記録がいくつかある。また、『信濃資料集』には「めくそ飯」の記載がある。めくそはソバの未熟の種子である。臼でついて殻のとれる熟した実ではない。そのめくそを麦飯にアワ、キビ、ヒエなどの雑穀とともに混ぜて炊くのが「めくそ飯」である。江戸末期には天明、天保の大飢饉があったから、その時にはめくそも飢えをしのぐのに十二分に役に立ったのである。はっきりとした記載はまだ見つけていないが、農書や各地の史料から判断すると、このような大飢饉の時ばかりではなく、ふつうの年でも端境期には農民の食糧は不足し、「めくそ」は増量材として腹の足しにしていたのではないかと推測される。

これも江戸の農書に記されている話であるが、「ソバの種をとったあとも食糧に困る人たちのために、茎や葉は干して大切に残しておくように」と記されている。もちろん若い葉や茎は野菜としても利用したし、ソバは生育のいつの段階でもありがたい食糧となったのである。当時の人びとがどのように認識していたかはわからないが、現在では血管の脆弱化を防ぐとか、血圧降下の作用があると注目を浴びているルチンは、ソバの麺にする粉よりも開花期の花や葉のほうがはるかに多く含んでいるのである。このことについてはあとの章でくわしく述べよう。

無駄花ばかりつけるソバは、現在のような視点で、穀物生産だけから見ればダメな作物ではないかとも感じられないわけではない。虫の助けを借りないと受精しないから、未熟を含めても実になるものは二〇から三〇パーセントくらいだろうか。

しかし、ソバとハチは蜂蜜をつくる。消化吸収が容易で、各種のビタミン類を含む蜂蜜は古くから人類に利用されてきたもので、スペイン北部のアルタミラ洞窟の壁画に描かれている蜂蜜の採集風景などから、蜂蜜は紀元前一万八〇〇〇年ないし一万五〇〇〇年頃から人びとによく利用されてきた最も古い食物の一つと考えられている。日本では六四三年（皇極二）に百済の太子余豊が大和の三輪山で養蜂した記事がすでに『日本書紀』に記されており、『延喜式』にもしばしば見られる。

多収を求めた種播きの知恵

実の収穫に直接結びつかない性質がうまく利用されてきたソバでも、やはり可能な限り安定して多収を得たいと望まれ、工夫されてきた。そのいくつかをご紹介しよう。

「すばるまんどきそばのしゅん」は、岡山県地方のソバ播きの時期を表すいい伝えだそうである。私が聞き取り調査に行った中国山地の町、新見市で聞いた話だと、「お舅さんから教わって、以来ずうっと同じ日の同じ時刻に播いている」のだそうである。つまり、お舅さん自身が農業をついで以来だから、少なくとも八〇年は同じ日の同じ時刻にソバの種を播いている計算になる。何とまあ進歩のない話かと、お感じになる方もおいでだろう。私自身もそう感じなかったわけではない。

在来品種を比較研究するためのソバ栽培（信州大学農学部）

その後、海外の研究者たちと共同研究するようになったが、ポーランドでも昔から五月二三日にソバの種を播くことに決まっているとのことであった。私は先の新見市の種もポーランドの種もそれぞれの伝統的な日以外の日にも播いて試してみたが、やっぱりそれまでいい慣わされてきた播種日が一番よくできた。中国のことわざにも播種期について記したものが最も多い。それぞれの地域で異なっている。

なぜこれほどまでも播種期にこだわるかということを私の実験から説明させていただこう。日本各地からソバの種を集めて同じ場所に播いて調べてみると、播種から花が咲くまでの期間はさまざまである。播く時期にもよるが、五月下旬に播くとその差

世界の品種を比較するソバ研究の〝3巨頭〟（手前左がスロベニアのクレフト博士、手前右がカナダのキャンベル博士、後ろが筆者）

が最も大きく開いて、北のものほど早く、南のものは咲き始めが遅い。咲きそろうのも、北のものは早いが南のものはいつまでもダラダラと咲いている。国外の品種もいっしょに比較すると、ヨーロッパのものは北海道のものより早いし、ネパールの品種ではもっとゆっくりしている。八月二〇日を過ぎて播くと、品種の差はほとんど見られなくなるし、個体の中の咲く時期のちがいもほとんど見られない。つまりダラダラではなく、まるで有限伸育性のようにいっせいに花が咲く。

　このようなちがいが出るのは、ソバが短日性植物で、日の長さが短くなると花芽が形成されるが、その日の長さに対する感じ方が在来種によって異なるからである。在来種というのはその場所に長く栽培され続けてきたために、そこの環境条件に適応してそれに適した性質を獲得してきているものなのである。これを「栽培生態型」と名づけているが、人びとはソバが他殖性で多様な遺伝的変異を持っていることをうまく利用して、その中からその地に適したものを選び、残してきたのである。

私が現地調査をおこなった時点では二つの品種を保存している農家があった。これは天候不良で他の作物、たとえばダイズの生育が不良になるかもしれないと予測された時に、ソバを通常の播種期より遅く播いても収穫可能なようにするための品種である。江戸時代にどうだったかはわからない。古い資料を調べてみると、イネ、ムギ、ダイズなどは地域ごとに多くの品種を持っているらしく感じられるが、ソバはたいていは一種類で、多くても二種類である。

とにかく、ソバは救荒作物であった。それは実をとる作物としてだけではなく、茎の弱さの利用でもあった。つまり、種の稔る前の若い植物を野菜のように食べたし、飢饉には干した茎や葉も食べていた。

秋ソバと夏ソバ

秋ソバと夏ソバという言葉をご存じの方々もあるだろう。夏ソバとは春に播種して夏に収穫するものを指し、秋ソバとは夏に播種して秋に収穫するものである。ソバの生育期間は約七五日と短い。だから、遅霜の危険がなくなれば、播種をして秋の初霜までの二三〇日あまりの間に三回とれる計算になるわけである。

日本にはそれが可能な地域もかなりある。しかし、暑い時には稔りがきわめて悪い。その理由についてはいろいろな研究があって、最もよく知られているのは、花の雌しべの発達が

図表2　ソバの夏型、秋型、中間型品種の分布

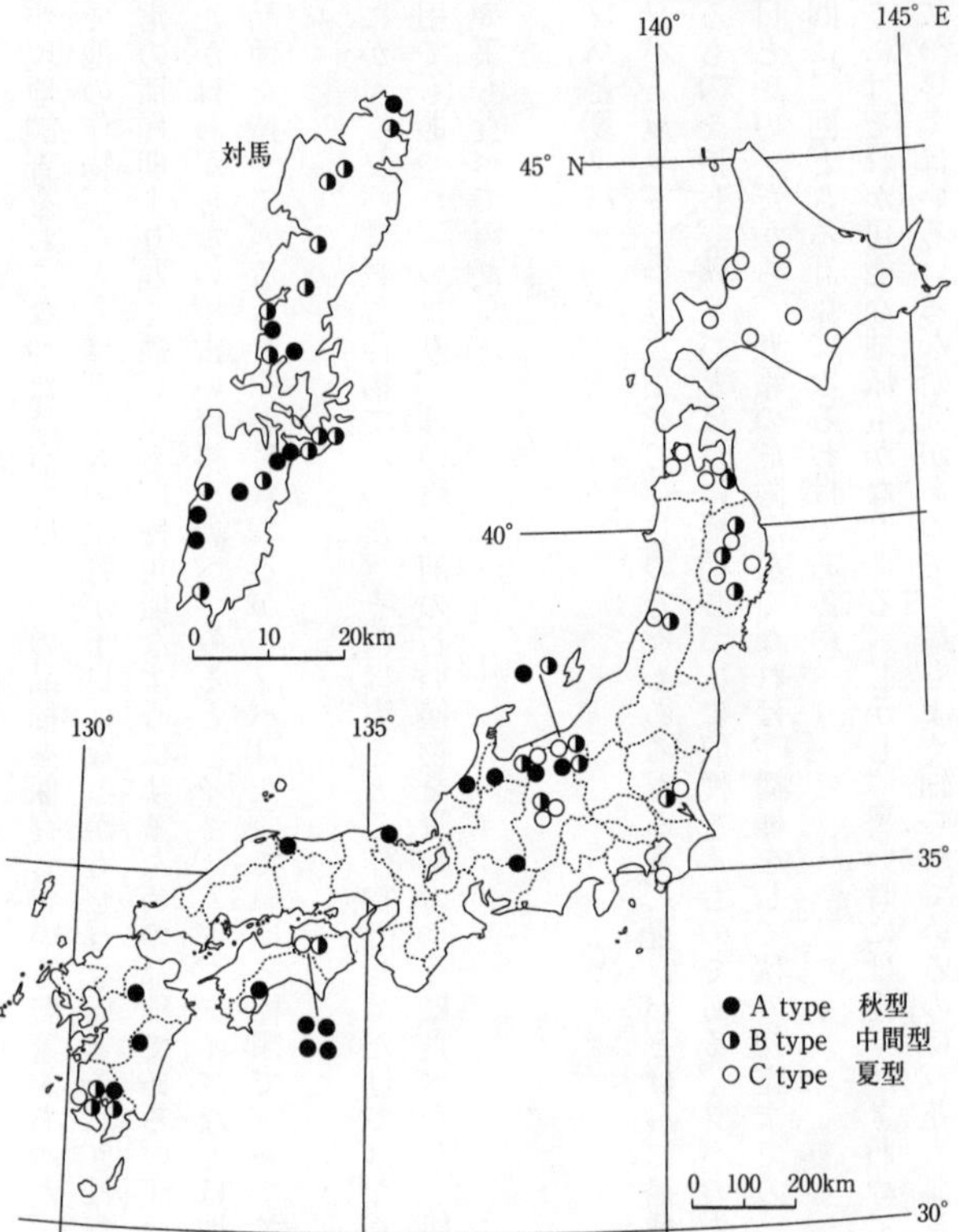

十分ではない奇形の花が咲くという不完全花説である。たしかに、盛夏になると雌しべに奇形が多く出る。しかし、どうもそれが主な原因ではないような気もする。

「気もする」などというと、何というあいまいな表現かとお叱りを受けそうだが、この不完全花の出方は標高が八〇〇メートルの伊那と一三〇〇メートルの野辺山で比較してみるとたしかに明らかで、低くて暑い伊那のほうが不完全花の出る率は多い。いろいろの品種で実験してみると、暑さの影響もあるが、その影響の受け方が品種によって異なる。

図表3　ソバの秋型品種と夏型品種の播種期と収量の関係

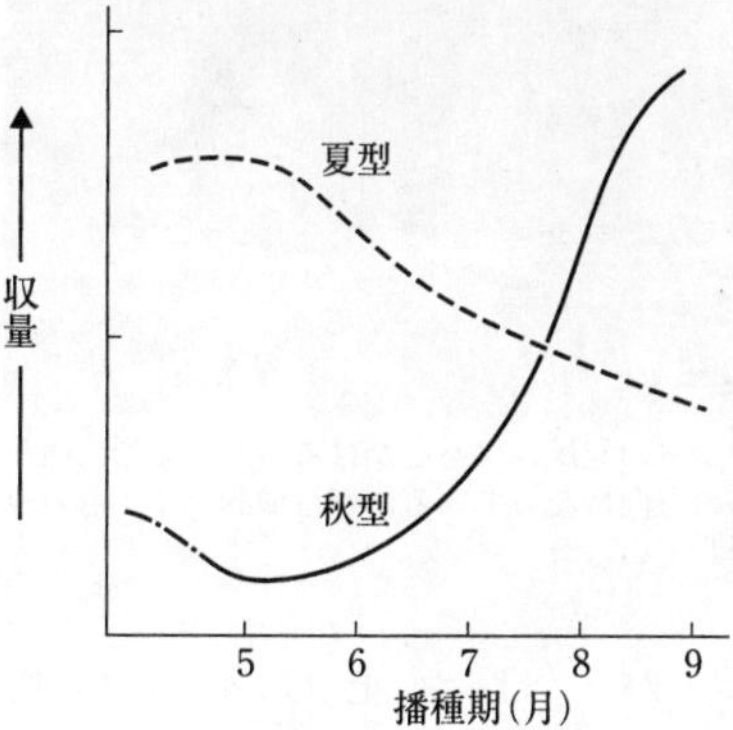

先に、三回収穫できる可能性があると書いた。たしかに「三度そば」と名づけられた品種があって、高知あたりには広く分布していたようである。高野長英も江戸の大飢饉を救いたいと書いた『二物考』の中で、ジャガイモと並べて有望な作物として取り上げている。

収穫後の光合成

収穫の時に脱粒を防ぐには朝の湿っている間がよいとされてきた。たしかに乾燥すると

対馬でのソバの乾燥。ソバをかけるハザが太陽に向かって斜めの方向になっているのが特徴的。イカもいっしょに干している

脱粒が激しくなる。それでは収穫期に雨がよいかというとそうではない。稔ったままで発芽してしまう。そうまでならなくても乾かすのが遅れると変質する。川の近くで霧が発生しやすいところや焼畑では稔った実が脱粒しにくく、一日でも多く植物体の上で十分な日光を浴びることが可能である。完熟トマトがおいしいのに似ているとお考えいただければよいだろうか。

対馬は初秋になると日本の台風銀座の観があるが、ここでは台風が来る前に、緑の葉が生き生きした状態で収穫して干しておく。ただし、その干し方は特殊であり、葉ができるだけ太陽に当たるように干す。干している間に葉は光合成をしてそれを種子に送り込むから、未熟の種子が稔るわけである。「ソバは三粒黒くなったら刈れ」といい慣わされているようだが、それによって脱粒も防げるし、最後に倒れるのも免れる。それぞれの場所にはそれぞれの干し方のスタイルがあり、そこの収穫時の気象条件が推測できる。

ここまでにあらたまって取り上げなかったが、いつでもどこでも常に使われてきたのは、生育期間の短さを利用した隙間に栽培可能な作物としての利用法である。一つの畑を年間を通してどのように使うかは、毎年決まっていた。だから、いつ隙間ができるかもわかっていた。そこにソバを播く。それがソバの最も当たり前の栽培方法で、ソバ自身のそれに適応したものが選抜されて残ってきた。これが農地の不足していた時代の姿である。

飽食の時代、農地あまりの時代に

水田につくるソバ

ふつうの水田でもソバの栽培がおこなわれているのはよく見受けられる。一九七〇年に水田の転換畑の特定作物として指定され、補助金が交付されるようになってからの現象である。この場合にはいくつかの点でソバの栽培に問題が出てきている。当時は農薬散布の量も回数も多く、虫が減少していたために受精のための虫媒がむずかしかった。現在では農薬散布量はかなり減ってはきているが、周囲が水田だと花を訪れる昆虫の種類も数も少ない。水田土壌は多湿でかつ肥料も十分に蓄えており、ソバの茎や葉の生長には適しているが、体だけ大きくなって稔りが悪くなる。

さらに、これは本来なら人間が簡単にコントロールすればよい話なのであるが、ついつい早く播きすぎてしまって、前述の栄養生長の助長を増幅する結果になっている場合が多い。ソバは短期で収穫できるという利点を持つが、その播種期と品種の問題がうまく守られないから起こる話である。いつでも土地を利用できるようになった現在、隙間作物の特性がむしろマイナスに作用してしまったというべきなのかもしれない。土地を休ませることができなかった時代には案外簡単に対応していたかもしれないのに、何とも皮肉な話である。

水田ではなく、畑でも同じことがしばしば見られる。放っておいて雑草を生やすよりよいと、適当な時に播くから、栽培面積は増えても、収穫量は増えない原因の一つになっている。

焼畑は今

焼畑のソバは香りが高く、おいしいソバの代表の一つとされてきた。

一九九八年の秋、九州宮崎県の椎葉《しいば》村へ焼畑のソバの栽培を見に出かけた。その焼畑のソバについてここにくわしく紹介するゆとりがないのでほかにゆずりたいと思うが、この椎葉の里は昔からの焼畑のつくり方を続けている唯一の場所である。何とも説明ができないくらいの労力を必要とするだろうと感じた。

それはともかくとして、その家の別のソバ畑は山の傾斜を削ってならし、一度水田にした場所にある。イネの生産調整で昔どおりにソバ畑にしたが、何やら生育が思わしくないから見てほしいといわれて出かけた。茎も葉も植物体全体が弱々しく、焼畑のソバとはまったくちがっていた。土壌は畑とは思えないくらいに湿っていた。湧き水のせいである。

傾斜地を平らにして水田にする場合には、湧き水があっても致命的にはならない。水が冷たいので水を温める工夫をするとか、低温に強い品種を植えるとかで、何とかしのげる。しかし、ソバはちがう。生育の間、水が多すぎると大きくはなるが、しっかりとした植物体が育たないし、開花の時期まで水が多いと、葉が出続けて、つまり栄養生長と生殖生長の重なり方が大きくなって、花や実に栄養分が行きわたらない。

解決法は湧き水の害をなくする以外にはないだろう。そのために可能な方法は、そこをまた傾斜地にして湧き水がたまらないようにするくらいしかない。

ところが平坦にして水田にするための助成はあったが、それをもとの傾斜地にするための助成を出してくれるところがあるだろうか。今のところはない。実はこのような場所は椎葉の焼畑地帯だけではない。山間高冷地を水田にした場所で、イネの栽培にはあまり適さない、収量の低いところは転作の対象となっているところが多い。昔はこのあたりはソバをつくったからと、ソバ畑にされる。しかし、水田にする前にソバを栽培していた当時とはソバに対する環境はまるでちがっている。

観光作物・観賞作物

最近では収量を問題にしない観光作物としてのソバ栽培が増えてきている。この場合にはいつ種を播いてもいいいし、緑のイネの中に白い花が咲いているのはなかなかロマンチックでいいものである。さらに赤い花のソバの品種も育成され、中には外国の品種の赤も栽培されて人気を呼んでいる。麺の「そば」はこのような植物からできるのかと、そして昔はこんな光景があちこちに広がっていたのかと郷愁を誘っているようである。

しかし、これにはロマンだけではすまない問題がある。観光作物としてだけならソバはどんな品種をいつ播いてもいい。しかし、近くに栽培されているソバと交雑してしまう危険がある。また、見るだけ見てあとを放っておくと翌年発芽してとんでもない時期に花を咲かせ、それがまた花粉をつけて近くのソバと交雑する。

もちろん、交雑してもできる種がうまく熟さないとか、まずいとかいうのではないが、その種はもうふつうの栽培には使えない。ならば次に栽培する時は新しい種を買えばいいとお考えになるだろうか。たしかに花や野菜やイネなどでは種を購入している。ただその場合の条件として、種の値段と収穫物の販売価格が問題である。もう一つは、どのような品種がその場所や播種期に適しているかがはっきりしていなければならない。このことは日本のように環境が複雑で耕地が狭い場合には、非常に重要な問題なので後述する。

機械化の時代の省力

ソバは労力がかからない作物といわれてきた。たしかに病虫害は少なく、それ自身に雑草を防ぐ力を持ち、放っておいてもある程度の収穫は可能である。他の作物の管理に多大な労力が必要であった時には便利な作物であった。

しかし、今は必ずしも労力がかからない作物とはいえない。イネやダイズなど、他の作物では機械化が進んでいるが、ソバは機械化を必要としなかったというべきか、むしろそれほどの投資をして栽培する作物とはされてこなかったせいもあり、まだ機械化が進んでいない。いや、ソバ自身の中に機械化に対応できない性質を持っているというべきであろう。

収穫期になると、早く稔った実はすでに脱粒しており、それでもまだ若い葉があるから、機械の中にからまってしまって収穫が困難で、その上に品質は低下する。もちろん、先に述べたような収穫後の光合成能力は利用できない。

ソバの収穫にダイズ用のハーベスターを用いることがしばしばあるが、ダイズの場合には実が稔る時期に葉も枯れる品種があり、また栽培方法が工夫されていて、それほどの問題はない。しかし、ダイズで多収の有限伸育性品種の育成が比較的容易だったのは、ダイズが自殖性であることによっている。ソバでも有限伸育性の品種が育成されてきているが、実用的にはまだどこの国でも暗中模索の段階といえよう。

かつての省力と、現在の省力とは意味がちがってきたというべきだろう。

品種をつくるむずかしさ

耐肥性と自殖性、有限伸育性の付与

ソバは肥料がなくてもつくれる作物であると多くの栽培関係の本に書いてある。しかし私はそれにひっかかる。ソバも肥料を与えないより与えたほうがよくできる。ただ適当な量の幅が小さいというにすぎない。肥料を与えなくてもいいということは、最近でこそ環境保全の点から評価されるようにはなってきているが、それでもイネにしろ、トウモロコシにしろ、ほとんどすべての作物には肥料を多く与えてより多くの収量を得るような品種の重要性、つまり耐肥性の問題は相変わらず必要なのである。ソバの耐肥性はごく小さい。

自殖性系統を得ようとの試みもかなりなされている。しかし、自殖稔性のよいものを選抜しても、三代、四代とたつうちに自殖の能力が弱ってくるのは避けられないようである。実は私も少し手がけたことがある。一個体ずつ網で覆って虫が絶対に入らないように注意深く栽培すると、二〇〇個体のソバのうちに四本くらい、つまり、平均すれば五〇個体に一本足らずは虫の助けを借りなくても実がなる個体が出てくる。その個体を選んで栽培してみると、次の代は割合正常な生育をする。それらの自殖を続けると、三代目あたりからだんだん生長が悪くなってくる。実験としては非常におもしろいのだが、実をとるための栽培にはと

ても適したものが出てきそうには思われなかった。

先に述べた「無限伸育性」が人間にとって困るので、「有限伸育性」の品種を得ようとする試みもなされている。従来のように適期栽培によって茎葉の生長をおさえるとか、窒素肥料を少なくするといった栽培方法の工夫によるものではなく、遺伝的に有限伸育性の品種を得て、肥料が多くても無限伸育性を示さないものである。有限伸育性品種の育成に最も早くから取り組んできた旧ソ連ではかなりの品種が育成されてきている。その結果、栽培面積は著しく減少しているのが現状のようである。十分な光合成の場の発達と、卵子が養分を引きつける能力を上げることを同時に持つものでなければならず、そのためには、系統の選抜をおこなう生育時期がきわめて重要であると述べている。日本でも最近有限伸育性の品種が育成され、一つの試みとしては期待されている。

その他のいくつかの方法で優れた品種をつくり出そうとの試みも続けられている。その一つに倍数体の利用があるが、染色体数をコルヒチンで倍化する

優良な個体を隔離するための網（カナダ・ウィニペグ州の農業省）

ものである。日本でも二品種、他の国でもいくつかの倍数体品種が実用化されている。倍数体化することによって、一粒の大きさは大きくなるが、実の数が減ることと、倍数体化により、栄養生長期間が長くなり、生殖生長と栄養生長の競合からくる受精率の低下というソバの最も重要な問題を激化させることがある。収量の安定性に欠ける場合も少なくない。

また、バイオテクノロジーの試みもなされてはいるが、試験管の実験からやっと実験圃場へ出た段階で、まだ品種としての多収性など、性能を問題にするにははるかに遠い。研究のおもしろさや価値がないといってるわけではさらさらない。

さらに、その後の品種になるまでの過程がまたやっかいなのである。よい個体が見つかってそれを選抜する方法は昔からおこなわれてきたものであるから容易だろうと感じられるだろう。他人の田圃でよさそうなイネの穂を見つけたら、そっと失敬して懐の中に隠して持ち帰り、翌年自分のところの隅にちょっと播いてみて、よければ増やすという方法は江戸時代からお百姓さんの得意芸だったようである。

しかし、ソバではその方法を用いることはできない。これはいいと思えるものを見つけて、少なくともその後にその形質が常に現れるまでの間、代々隔離をして栽培しなければならない。大きな網の中に媒介昆虫とともに入れて育てるのであるが、昆虫の数が少なすぎると受精が不十分になるし、多すぎると虫が死んでしまう。これは研究機関でもなかなか困難な仕事である。

育成のあとに

カナダのように土地が広大でしかも林が多くて自然の仕切りがある場合はやりやすそうに見える。しかも、カナダのソバ産地は国土の中央でアメリカ国境と接するあたりの大平原であるから、一度よい品種が育成できればそれをカナダとアメリカで使うようにしているので、日本のようなことは起こらない。

花の種の輸入は最近非常に多いから、ソバでも外国から優秀な品種を輸入すればよいではないかと考えられるかもしれないが、実をとる作物の場合は花のようにはいかない。実の成熟する時期の環境条件が大きく影響するということもあって、なかなか外国の品種を定着させることはむずかしい。

日本で新しい品種を栽培する場合には、最初は種子を多量に増殖しているところから購入するが、ソバがあまりもうからない作物でもあるから、近隣の適当なところからあまった種をもらったりすることもある。その場合にはどうしても種が交雑したものになりやすい。

とにかく新しい品種を導入して栽培するなら、一貫した方針の下におこなわれなければならないということだろう。しかも、昔からつくりやすい作物といわれてきたが、栽培してみると意外につくりにくいとの感想は多くの人びとから聞く。

ソバと虫とに相談して

倒れやすいということは茎が柔らかいということである。だからこそソバの茎も食べられた……。かつてはそれぞれの形質が問題ではなく、ソバの全部の形質をうまく利用してきたと私は考える。だから、急に収量が低いといってそれだけでソバを評価するとまちがいというか、ソバは「そんなことを急にいわないでよ」と嘆くのではないだろうか。

結論的にいえば、人間が何を目的に掲げようとも、やはり虫媒が問題になってくる。虫とソバはともに進化してきたと考えられているが、その長い歴史に比べれば、ヒトとソバのつきあいは短い。まして現在のヒトがソバに求めているのは、まるで一瞬の稲妻のような刹那的なものにすぎないといえるのではないだろうか。

ソバが「虫さんに相談してからでないと」というのも当然のような気がしてくる。もちろん、ソバにも虫にもヒトにもよい方法が見つかるかもしれないし、ソバと虫とに相談してみて、よい方法が見つかるかもしれないが。

研究は楽しい。世間に認められる結果が出るか出ないかが問題ではなく、すっきりした論文にまとまるかどうかの問題でもない。調査でたまりすぎたデータを前にして、ため息をつき、音楽を聴いているのも捨てたものではない。しかし、この気の遠くなるような人間とソバと虫との三者会談を早く進行するようにと、効率を求めるのは危険だと強調するのだけは忘れないでおくことにしたい。

ダッタンソバ

ここまでの説明に挙げてきたものは、日本に栽培されているソバで普通種とも呼ばれる、他殖性のソバである。しかし、日本以外では近縁種の自殖性のダッタンソバ（*Fagopyrum tataricum* G.）も栽培されている。

ソバ属2種の花房（左からダッタンソバ、普通ソバ）

花の形や色、種の形はちがうが、茎や葉はほとんどちがわない。自殖性だから収量も多いし、安定している。寒さや乾燥にも強い。問題は種の殻がとれなくて苦い味がするのでニガソバとも呼ばれている。なぜ日本に栽培されなかったのか、私には大きな疑問である。「おいしくないから」とお考えになるだろうか。人間の肉さえも食べたという記録の残る江戸末期の大飢饉をはじめ、常に飢えに苦しんできたのは日本人でも同じであったのだから、単に苦いからというだけでは、栽培されなかった理由の説明にはならないのではないだろうか。高野長英は『二物考』の中で、オランダには寒さに強いソバがあり、それが栽培されれば飢えを救うことができるのではないかと述べ、そのソバはどうもわが国に野生する「ニガソバ」に似ているらしいとも記している。ヨーロッパでも人口密度が増え、しかも寒冷な時期に遭遇して開墾地を拡大していた一八世紀にはダッタンソバを取り入れている。たとえばルクセンブルクの西北、ベルギーとドイツに囲まれた開拓地には今もダッタンソバが栽培されている。

中国では寒冷地や乾燥地にニガソバを多く栽培しているが、それらを栽培しているのは少数民族が主で、かつては中国政府がニガソバの栽培を禁止したこともある。しかし、今では健康食品として盛んに取り上げられるようになった。

日本でもごく最近、ダッタンソバの新品種が育成された。これは健康食品としての機能性に優れている点に目をつけて、需要が高まってきているからで、その点に関してはあとの章に細述する。

ところで、中国を始め、多くの国で栽培されているこのダッタンソバを、普通ソバとはっきり区別しているところもあるが、あまり区別をしていないところもある。したがって、その国の歴史的文献などで食べ方について知ろうとしても、区別のむずかしい場合が多い。

第二章　日本のソバとそば

「万延元年、蕎麦高価のことに係わり、江戸府中蕎麦店会合す。その戸数三千七百六十三店。けだし夜商、俗に云うよたかそば屋はこれを除く」「今世、江戸の蕎麦屋、大略毎町一戸あり。不繁昌の地にても四、五町一戸なり」と、喜田川守貞の近世風俗誌『守貞謾稿』（一八五三年＝嘉永六）は記している。江戸末期の人口が約一〇〇万人とすれば二五〇人あたりに一軒の蕎麦屋があったことになる。そして「そば切り」と呼ばれていた麺のソバが「そば」で通じるようになった。現代のそばが江戸の末期にはすでにその姿を完成していたといえる。それまでの日本のソバの歩みを見るのがこの章の課題である。

日本のソバの歴史

縄文から弥生へ

遡れば日本にはすでに縄文時代からソバがあった。出土した植物遺体を顕微鏡でみて確実なソバの炭化種子といえるものの中で、年代の最も古いものは北海道の渡島のハマナス遺跡で、縄文時代の前期と推定されている。縄文遺跡から発掘されたソバの炭化種実の事例は割合少ないが、花粉のほうは亀ヶ岡遺跡、加曽利湿原、深泥ヶ池、板付遺跡など多くの縄文期の遺跡から検出されている。これらの出土した花粉は短花柱花の大きな花粉と長花柱花の小さな花粉がそろっていて、明らかにソバであることを示している。

しかし、それらが栽培されていたかとなると、必ずしもはっきりとはいえない。遺跡から大量にかたまって発掘されるコムギのような例や、イネのように畦が残っていてそれが栽培の証拠とされる作物もあるが、ソバではそうした証拠はない。しかし、日本各地で発掘されることから、栽培されていたと推定してもまちがいないだろうとされている。

では、縄文時代のソバがその後も栽培され続けて日本のソバの元祖になったのだろうか。弥生時代の遺跡からはオオムギ、コムギ、ヒエ、アワ、キビ、ジュズダマ、アズキ、ダイズ、ササゲ、エンドウ、ソラマメ、リョクトウなどとともにソバが出土している。これらの中には縄文末の遺跡から出土する作物もあるが、多くは弥生時代に新しく登場する作物で、水稲だけではなく畑の作物も多く日本へ渡来している。したがって、ソバについてもこの時代にまた新しく渡来したものの中に含まれていて、それが現代のソバの元祖になったのかもしれないとも考えられている。

二回の詔勅

文字に書かれたものにソバが最初に登場してくるのは、養老六年（七二二）の元正天皇の詔である。これをわかりやすい言葉にすると、「朕は凡庸でおろかなまま皇位をうけ継いだので、自分にきびしくして、みずから勉めてきた。けれども誠意がまだ天に届いていない。このため今年の夏は雨が降らず、稲の苗は実らなかった。そこで全国の国司に命じて、人民に勧め割り当てて晩稲《おくて》・そば・大麦・小麦を植えさせ、その収穫を蓄えおさめて、凶年に備えさせよ」となる（『続日本紀』全現代語訳　宇治谷孟、講談社学術文庫、一九九二）。

次に詔に現れるのは八三九年（承和六）仁明天皇の時で、畿内にソバを植えるようにと勧めている。

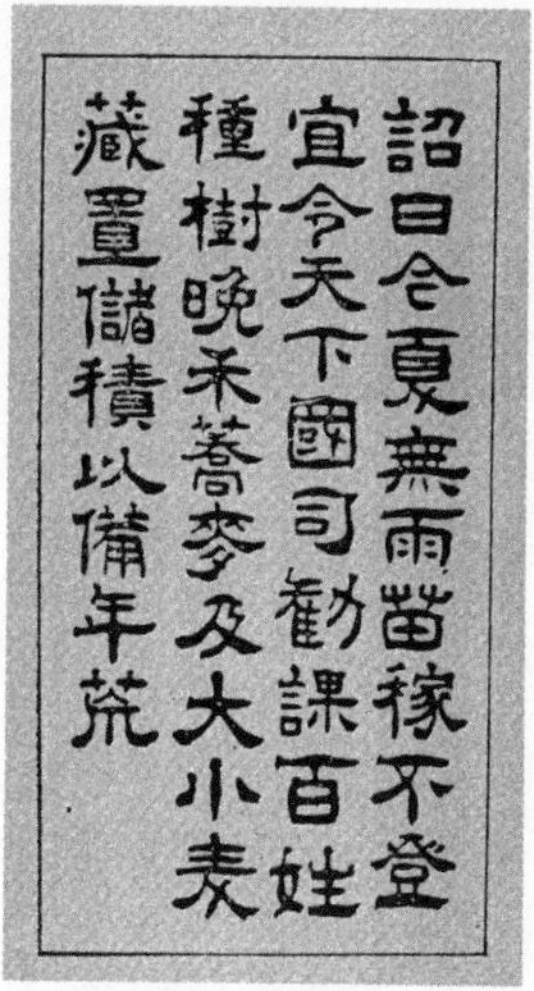
詔曰今夏無雨苗稼不登
宜令天下國司勧課百姓
種樹晩禾蕎麥及大小麦
藏置儲積以備年荒

『続日本紀』に記載された「蕎麦」が登場する最初の詔勅

当時の栽培状況はよくわからないが、この詔勅はソバが救荒作物として登場する最初であり、植物・作物として見た場合に興味を引かれるのは、このソバの栽培が干害に対する救荒作物として奨励されている点である。最初の詔勅は七〇五年（慶雲二）から始まった干害に対して出されたものである。ちなみに、史料に現れた農業災害を年代別、種類別に見てみると、七世紀は気象災害の記録が九回で、そのうちの五回が干害。八世紀は西日本の災害が三〇〇回で、その四割以上が干害。九世紀は西日本で二三回の災害のうち干害は五回である。その後、干害の頻度は一〇世紀の八割を最高にして低下し、一六世紀まで三割あまりで続いている。

元正天皇の時代は遣唐使の盛んな時期であり、ソバが干害に強いという認識については、中国からの知識の導入が考えられる。中国で最初にソバの記載が出てくるのは六世紀に編纂された『斉民要術《せいみんようじゅつ》』で、ソバの栽培法や収穫の注意が記載されている。もっとも、ソバについて記載されているのは巻頭の「雑説」のみで、しかもその「雑説」は記載の方法などから、あとになって追加されたものではないかともいわれているが……。

二回の詔勅の後、日本のソバに関する記録は途絶えるが、平安末期には少しずつ現れ、鎌倉末期になるとソバの記載が増え、年貢の対象にもなってくる。

たとえば、平安末期には『新猿楽記《しんさるがくき》』（一〇五二年＝永承七）に出ており、また『古今著聞集《ここんちょもんじゅう》』（一二五四年＝建長六）には山中で修行中の道明阿闍梨が山人から野生しているソバを食べさせてもらったとも解釈できるような話が出てくる。もちろんこれが野生ではないことはソバの植物としての性質から明らかなのだが。とにかく、九〇〇年頃からはほとんど栽培らしい栽培が見られなかったのは、ソバに頼らなくてもよい気象条件が続いたからではないだろうか。

ソバの記録が途絶えている理由とその後の増加について、もう少し立ち入って検討してみたい。

古代と中世の飢饉の数を正確に知るのは困難であるが、現在のところ最も適当と考えられる資料の一つである『日本凶荒史考』（一九三六）の目次によって、七〇〇年代から一〇〇年ごとに飢饉の回数をまとめてみると、六一、七二、二三、一三、一五、一六、三七で、一四〇〇年代では四四回となっている。明らかに七〇〇、八〇〇年代が多く、九〇〇年代以降激減して、一三〇〇年代からまた増加している。鎌倉期以降は北半球を覆う世界的な寒冷期、小氷期と呼ばれる時期に入っていく。

『古今著聞集』にソバが出てくるのは、次のような飢饉の多発を背景としていると解釈できるだろう。すなわち、『方丈記』に記されている一一八一、八二年（養和元、二）の大飢饉（大干ばつ）、これは平家滅亡の要因になったと考えられる飢饉で、養和元年の大干ばつと、翌年の病気など、死者四万を数えた。続いて一一九〇年の干ばつ、さらに、一二三〇年、三一年には大冷害となり、これらが貴族や僧侶たちにもソバに目を向けさせたのだろう。この頃から冷害が増えてきている。

年貢にソバ

一二五九年、六〇年の東北太平洋側以北の凶作と大飢饉、一三二一年の干害と続いているが、「東寺百合文書」に山城国久世荘《くぜ》のソバの年貢のことが記されているのはその直後である。ソバの年貢については、その後「東寺百合文書」の中にしばしば現れるようになってくる。

一三三四年には新見荘からのソバの年貢について記されており、新見荘の中でのソバの売買の記録も認められる。また、一四三八年には山城国久世荘ではソバの年貢に関する争議が起こるのだが、これは一四二〇年、二一年の大干ばつと戦乱による大飢饉、一四二八年、一四三八年の諸国大飢饉が起こったあとのことである。続いて、一四四五年には四国観世音寺から兵庫港へ一〇石のソバが運ばれたとある。

こうした飢饉とソバとの関係は深いのであるが、年貢のソバについて別の見方もできるのではないだろうか。寺方や公家でもソバを食べるようになって、生産する人のソバ料理と生産者ではない人のソバ料理との二つの流れの始まりと考えられないだろうか。

戦国時代の公卿山科言継《やましなときつぐ》の日記である『言継卿記』は当時の畿内の状況をうかがう最も重要な資料とされているが、その一四六三年の条に、もらったソバを御所に献上したとある。一四六〇年から六一年へかけての大冷害と戦乱のための大飢饉でアワもほとんどないような状態になったことの影響だろう。

また、一六世紀中葉に京都相国寺《しょうこく》の塔頭《たっちゅう》鹿苑院の記録である「蔭涼軒日録」や「鹿苑日録」にも酒と蕎麦の漢詩が載っていたり、ソバの粉や餅を贈答にしたとか、斎膳にソバの葉の和えものを添えたとかの記録がある。

　とにかく有閑階級がソバを食べるようになってきたことが、「そば切り」の誕生から「そば」へとつながる一つの流れだろう。ここでは「酒と蕎麦」と原文の漢字で書いたが、まだその時点では、それが麺のそばであったかもしれないし、もっと広い意味でのソバ料理だったかもしれないのである。

そば切りの誕生と発展

「そば切り」の文字を求めて

「そば」の幼名である「そば切り」がどこで始まったかは江戸時代からいろいろ推測されているが、当時からすでにわからないらしい。最近出版されている本の中にも「そば切り」の語の初見は一六一四年（慶長一九）の『慈性《じしょう》日記』だと書いているものもある。それは『国史大辞典』や平凡社の『世界大百科事典』（旧版）などにも記載されていて、ほぼ定説になっていたからである。慈性は近江多賀神社の社僧で、彼の日記の慶長一九年二月三日の条に、江戸の常明寺で「蕎麦切り」をふるまわれた記録がある。

　このほかに尾張の一宮の「妙興寺文書」に「妙興禅林沙門恵順寺方蕎麦覚書」があり、そこには一六〇八年（慶長一三）のそば切りの製法が書かれているといわれているが、まだ原史料が公開されていないために一般には承認されていないようである。

信州にはこれより四〇年早いそば切りの記録が見つかった。『信濃史料』によると、木曽の定勝寺では一五七四年（天正二）二月一〇日に仏殿などの修理を始めており、その「番匠作事日記」中の「同（作事之）振舞同音信衆」に、「徳利一ツ、ソハフクロ一ツ千淡内」および「振舞ソハキリ金永」という記述がある。三月一六日の竣工祝いに、千村淡路は蕎麦一袋を寄進し、金永という人物はそば切りをふるまったというので、この史料は現在のところ信濃ばかりでなく、そば切りに関するわが国最古の史料とされている。

とはいえ、「そば切り」が江戸で「そば」になったとすれば、その「幼名」が江戸で見つかった『慈性日記』を江戸への初のお目見えとしてもよいだろう。

江戸のそば切りの成長

ソバが麺のそばとして食べられるようになり、最初は「そば切り」と名づけられていたものが「そば」で通じるようになったのは江戸である。したがってその間の研究も多い。しかしはっきりとした資料が残されているわけではなく、バラバラの資料からの推定を誰かが書けば、いかにもそれを真実のごとく写しているものも少なくない。いや、多いといってもよいのではなかろうか。さらに、その不確定なものを年代順に並べると、何が何だかわからない……、と筆者は実感してきた。

そこで、江戸のそばの生い立ちを、たしかそうに思える問題にテーマを絞って前後関係を明らかにしながら見ていくことにする。したがって、だいたいこんな傾向であったと考えてもよさそうだという話である。よりくわしいことが知りたい方々は別の本を見ていただきたい。

まずは料理方法の変化を麺のつくり方とたれの種類から見ていくことにしよう。

蒸しそばからゆでるそばへ

『料理物語』（一六四三年＝寛永二〇）の記載には「めしのとり湯にてこね候て吉。又はぬる湯にても又豆腐をすり水にてこね申事もあり。玉をちいさうしてよし。ゆで湯すくなきは悪しく候。煮へ候てから、いかきにてすくひ、ぬる湯の中へ入れさらりと洗ひ、さて笊に入煮へ湯をかけ、蓋をしてさめぬやうに又水けのなきやうにして出してよし。汁はうどん同前。其上大根の汁加へ吉。花鰹・おろし・あさつきの類、又からし・わさびも加へよし」とある。その後に出版された『本朝食鑑《ほんちょうしょっかん》』（一六九七年＝元禄一〇）にもほぼ同様に記されている。江戸初期のそば切りは飯のとり湯（おも湯）や豆腐をつなぎにして、蒸すそば切りだった。今でいうところの生ソバ、混じりけなしのソバ粉でつくっていた。コムギ粉を混ぜるようになったのは寛永年間（一六二四〜四四）に朝鮮から来た僧侶に教えられたともされている。

歌川豊国が描いた「二八蕎麦売り」の南与兵衛

「二八そば」は享保（一七一六〜三六）のはじめ頃に生まれた言葉のようで、今も生きている言葉である。だからだろうが、「二八そば」の言葉の由来に興味を持つ人は多い。一般的な説は、そばが一六文の期間が長かったから二と八をかけて一六となるそばの値段からきた名称で、その後に値上がりして二四文になってからは、ソバ粉とつなぎの配合率を意味するようになったとするものである。

しかし、二八の名ができた頃のそば切りは一〇文だったし、その後になって二六そばの名称も現れるが、それもそばの値段が一二文の時期ではない。さらに混合割合を表現する方法は現在と江戸時代ではちがうから、その意味でも承服しかねると、異論をとなえている本も最近出版されている。

味噌だれから醬油のたれへ

味噌だれとは、『料理物語』のうどんを見ると、「汁はにぬき又たれみそよし」とある。同書には垂味噌は味噌一升に水一升五合入れて煮立てて後三升ほどに煮つまった時に布袋に入れて吊しておき、滴り落ちる汁をいうと記している。また、煮貫は味噌一升に水一升を加えて混ぜ、布袋に入れて吊し、滴り落ちた生垂《なまだれ》に鰹節を入れて煮立て漉したものとある。そば汁には味噌からつくった煮貫や垂味噌を用いていたわけで、江戸初期には醬油はまだ普及していなかった。実は信州ではごく最近まで味噌だれの伝統が残っていた。先日親しい蕎麦屋の亭主がつくってくれたが、なかなかうまくできないと嘆いていた。

下り醬油から地廻り醬油へ

醬油は江戸時代初期には上方から送られてくる「下り物」の代表格の一つで、一七二六年（享保一一）には、江戸の醬油の七六パーセント程度であったらしい。一六四五年（正保二）には銚子でヤマサ醬油が創業したとされるが、江戸への出荷はまだ少し後のことである。一九世紀に入ると関東産の醬油が大量に江戸に流れ込むようになり、九〇パーセント以上を地廻り醬油が占めるようになる。したがって、こうなるまでの間、醬油の値段は酒より高いとさえいわれた時期もあったようである。

麺のすそをたれにちょっとつけてすすり上げる食べ方は、醬油が酒より高価だった時代に、蕎麦屋がそば自体よりたれをケチって思いついたとの説もある。しかし、そば好きたちはそんなけちくさい説明に満足はしない。付着水分の多いそばを、たれの中に麺全体を浸して食べるのでは、一箸ごとにたれが薄められ、食べ始めと終りとではたれの味はかなり変ってしまう。口の中で濃淡を加減しながら食べる食べ方なら、たれもあまり薄まらず、食べ始めと終りのたれの味はあまり変らない。また、食べ物は同じ味ではすぐに慣れてしまうので、次第に濃い味にしていくほうが食欲を保てる。この合理性があの食べ方を定着させたのだと説明する人たちもいる。この合理性に対して、たれが薄くなったら徳利についてくるたれを追加すればよいではないかと反論したくなる。しかしそれが通じるのは何でもたっぷりある今の話である。

ちなみに、かつての通はどうして食べたか。店に入ったところでゆで始めるそばを待ちながら、酒をちびりちびりとやっている。はいと持参してもすぐには箸をつけないで少し乾くまでまたちびりちびりとやっている。少しそばの表面が乾き始めた頃合を見計らって、そばにもちょっと酒をかけてやり、それからたれにつけてすすり始めるのがイキなのだそうである。これもまた、江戸でもごくごく末期になって始まったことだろう。

商いの方法の変化

うどん・そばからそば専門店へ

最初は菓子屋でつくって売っていたのが、あまりの売れ行きにうどん・蕎麦屋として専門店を構えて打つようになった。享保の頃からの話である。ところがさらに年を経て、そばのほうがはっきり優勢になり、蕎麦屋の看板が目立つようになる頃には、蕎麦屋と称してうどんも商うようになった。

江戸時代の話ではなく現代に飛ぶが、関東はそば、関西はうどんといわれていた時代は長い。しかし、うどん文化圏の京都でも最近は観光客の多い日曜日に店を開けているのは蕎麦屋で、うどん屋の暖簾は上げていない。

『守貞謾稿』にある「うどん」を売る店の看板

棒手振りから屋台へ、料亭へ

棒《ぼ》手《て》振《ふ》りとは江戸の行商人で、日々の物売り、季節の物売り、修理や廃品回収まで、実にさまざまな商売が天秤棒を担いで町々を歩いていた。それが棒手振りであるが、そばもそうして売り歩いたのが始まりである。

その後、火を持ち歩く商売として、屋台店で売られるようになる。

広重の「名所江戸百景」中「虎の門外あふひ坂」に描かれた屋台の蕎麦売り

貞享から元禄にはたびたびの火事に業を煮やして、幕府は再三そばやうどんを屋台で持ち歩き商売するのを禁止している。そのうちに桜田門外にも屋台が出るようになって、そこにそばの屋台はあいならんとの令も出している。参勤交代の見物客目当ての商売で、幕府が禁止したのは、蕎麦屋へ立ち寄る武士と町民が話をする機会をつくらないようにと考えたのがその真意だろう、と解釈する説もある。

余談になるが、幕府のお触れというものはなかなかおもしろい。もちろんそれ自体は味も素っ気もないものであるが、錯綜する江戸のそば史を見る時に、一番たしからしいお触れの記録を柱にして読むと、「これでもか、これでもか」と迫るお上に対して、「それでも喰う、それでも喰うのだ」との庶民の声が聞こえるようで、笑ってしまう。ただしそのお触れを引用する時にはきわめて厳密に出典を明示しなければならないそうである。たしからしそうでも、若干異なる記録がいろいろあるらしい。まして解釈は多様となると、それがまたおもしろく感じられる。しかし筆者は歴史を専門とする者ではないし、趣味の歴史家でさえない。煩雑になるお触れの引用は差し控えさせていただこう。

夜鷹から風鈴へ

屋台の蕎麦屋は初期の頃には「夜鷹そば」と呼ばれていた。

夜鷹のあとに、もう少し清潔なものをと風鈴そばが現れるが、夜鷹は江戸の末期まで飛び続けた。と、書いたからとて、夜鷹そばの呼び声がよる鳴く鳥のヨタカに似ているからとの説を支持しているわけではない。鷹匠が夜の屋台を訪れて召し上がったのが元だとの説もあるが、それもいただけない。鷹匠が割り箸の使い方をご存じなかったので割って差し上げたとかいう話がついているが、夜鷹そばが現れた頃にはまだ割り箸はなかった。

人前に顔も見せられないような大年増の、顔に傷持つストリートガールならぬストリート

夜鷹蕎麦を載せた図（鍬形蕙斎画「近世職人尽絵詞」東京国立博物館所蔵）

ババアを夜鷹と呼んでいたそうである。

現代的感覚からすれば決してよい話ではないが、時と場所が変ればモラルもちがって当然のこと。うち続く飢饉で農村で食べられなくなった女たちが江戸へ出てきて、とにもかくにも生きていけたのはよい時代を意味するものだろう。夜鷹そばを詠んだ川柳は多く、いずれも江戸の庶民のユーモアに心温まる。とはいえ、次の句は世相をずばりと反映していて、ブラックユーモアを感じてしまうが。

「客二つつぶして夜鷹三つ食い」

夜鷹そばは江戸の末期にはもう消えていたそうである。

一八世紀後半になると、店を構えた蕎麦屋が増えてくるが、まず柳橋の遊郭や芝居小屋の前などが始まりであろうとされている。

出前もあった。最初の頃は「けんどん箱」だったが、そのうちに高級化して箱にはきれいな絵を描くものが出てきた。これを大名けんどんと名づけていたが、別に大名屋敷へのケータリングを意味したわけではない。

「けんどん」とはどうも聞き慣れない言葉であるが、江戸時代からすでにわからない言葉の一つだったようで、滝沢馬琴と当時の論壇の雄の一人山崎美成とで一大論争を繰り返していたそうである。

「手打ちそば」の出現と種物――高級化の時代へ

現代では手打ちそばは機械製麺に対する言葉として使われている。しかし、そばの製麺機が開発されたのは昭和初期である。

江戸時代の手打ちそばは、蕎麦屋の使用人がつくるそばではなくて亭主自身が打つものという意味と、来客を迎えた時にその家の主が自ら打ってご馳走するという意味があり、いずれも上等のそばを示すのだそうである。

なぜ「手打ち」が上等なのか。江戸時代は「お手討ち」が名誉な死の宣告だったからとの説もある。夜鷹そばを不潔に感じるようになって、屋台に風鈴を下げ、涼やかな音を鳴らしながら売り歩く風鈴そばが二文高いのは納得できる。しかし、刀でばっさりが名誉なことだからと、高級そばの名称にしたとの話は、時ところが変ればモラルもちがうとはわかっていても、ちょっと戸惑ってしまう。

信州の田舎のお婆ちゃんたちは、そばを打つ姿がムギの中耕、ムギ打ちの姿に似ているからだと解釈している。

また、「お手打ちそば」が出てきた頃から、二八は駄そばじゃと、ソバ粉だけで打つそばが高級品として再び現れてきたそうである。

「ぶっかけ」とは荷物を運ぶ人足が立ちながら食べられるように冷たいたれをかけたそばで、最初は下賤な食べ物とされていたが、その後、寒い季節にはそばを温め、汁を熱くするようになって広まっていった。これが「かけ」になり、従来のたれをつけて食べるのを「もり」と区別するようになったとされている。

種物とは玉子とじ、天ぷらそば、鴨南蛮などの総称で、『守貞謾稿』の時代には現代見られる種物のほとんどがつくられていたようである。

江戸っ子もそばにひかれて

初期の頃のそば切りは、急速に増えた地方出身者で、独り者、住む家も炊事場のない長屋でその日暮らしの人たちに重宝された食べ物であった。労働のために空く腹を手軽に満たすことができたのがその要因だろう。だからまだその頃には、江戸っ子たちは田舎から出てきた貧乏人の食べ物として卑しめていた。その後、そば切りにも高級なものが出てきて、食べる層が厚くなる様子は、前述の各種の呼び名に示されるとおりである。

江戸藩邸での大名の食卓の記録があり、水戸光圀（黄門）もそばが好きだったといわれるから、かなり初期から大名も食べてはいた。だから、一般に売られるものとしてのそば切りが多様化していったといえばよいのだろう。

なぜ町人も食べるようになったのかは、もちろん高級蕎麦屋ができてきたこととか、そば切り自体が上等になってきたことなど、先に述べたことによるだろうが、それは卵と鶏の話と同様にどちらが誘因とも結果ともいえないだろう。いずれにしても、社会全体として外食が盛んになり、食生活が向上してきた結果によろう。ただもう一つ見逃してはならない問題は、「そばが江戸患いに効く」と知り始めたことがその理由と筆者は考えている。

「江戸患い」とは脚気《かっけ》のことである。くわしくは第四章の「ソバの栄養と健康」の項に述べるが、一八世紀中頃から江戸では白米を食べるようになり、その結果として脚気人口が急増し、多くの死者を出したわけであるが、そのあたりの事情をちょっとのぞいてみよう。

近世には米の精白を専業とするものが成立し、搗米屋と呼ばれて米穀流通の最終過程を担当した。江戸には一七四四年（延享元）当時一八組、およそ二一〇〇人の搗米屋が存在し、臼五五〇〇ほどを使って営業していた。このほか搗米を営むものとして大道搗が、一七二七年（享保一二）当時一一〇〇人ほどいた。搗米屋、大道搗はともに玄米を河岸八町米仲買（二五人）、脇店八ヵ所組米屋（二七五人）から買い入れ、白米にして消費者に売っていた。

田舎出の下層庶民たちが屋台のそばを食べて働き、脚気にかからないのを見ながら、町民たちはそばを食べることを覚えたのではないかと考える。江戸の後期以降は食生活が豊かになり、天ぷら、握り鮨、鰻と美味いものがあふれてきた中で、そばがそれらと肩を並べたのには、そばの効用を抜きにしては考えられない。

そば切り成長の要因

人口の急増と「外食産業」

この江戸のそば切りの需要とその増大をもたらした要因は、まず何といっても江戸の労働人口の急速な増大で、初期の男女比率が極端に男性に偏っていたことからもその様子が推測できよう。その労働人口の増加をもたらしたのは、天下普請に始まる江戸の町づくりと、絶え間なく起こる火事による再建と町の拡大であろう。火事は労働人口の増加をもたらしただけではなく、一時的な更地も防火のためにつくられる空き地もよい商いの広場となり、そこに集まる人びとがそば切りを食べて江戸のそばを育てていったのだから、何とも皮肉な話である。

もっとも、多くの都市の成長と繁栄が火事を梃子《てこ》としている歴史的事実を思うと、江戸も例外ではなかったといえばよいだけかもしれないが。ロンドンの大火がロンドンを世界都市にしたように、明暦の大火が江戸を百万都市に育てる基礎づくりとなったとされている。

江戸中期以降の食の高級化は、商業の発展により、鮨、天ぷらなど今に残る江戸の美味いものたちの出現と期を同じくしており、茶屋に始まる飲食店が徐々に料亭的なものに成長するように、蕎麦屋もまた簡素な茶屋的なものから料亭と呼べるような蕎麦屋が現れてくる。

ところで、こうしたことで支えられて発達した江戸のそば切りは、外食産業としての発展といい換えてもよいだろう。一般に日本の外食産業が始まった時期はヨーロッパより一〇〇年くらい早いとされている。何を外食産業というかは議論のあるところであろうが、一六四二年（寛永一九）に出されたお触れに、そば切りの売買を禁じていることから考えれば、外食文化の歴史の中でもそば切りは最も早いのではないだろうかとも思える。

ソバ粉の供給

江戸のそばを栄えさせたもう一つの要因としては、江戸のソバ粉の供給を考えなければならないだろう。江戸に送り込まれた諸物の記録を見ていると、ソバは信州からのものが上質品との記載があり、また、信州では更級がソバの集散地として栄えたこととか、献上品としたことなどの記録がたびたび出てくるが、こうしたものは、江戸のそばの需要の一部を満たしていたものにすぎないだろう。実際に多くの人びとが食べるそばは江戸近辺の農村で栽培されていたものと推定される。

さらに都市が拡大し、人口が増加してきても、関東平野一帯の諸藩からの供給が需要を満たしていた。江戸の初期の新田開発は江戸の東の湿地に水田を造成することであったが、後

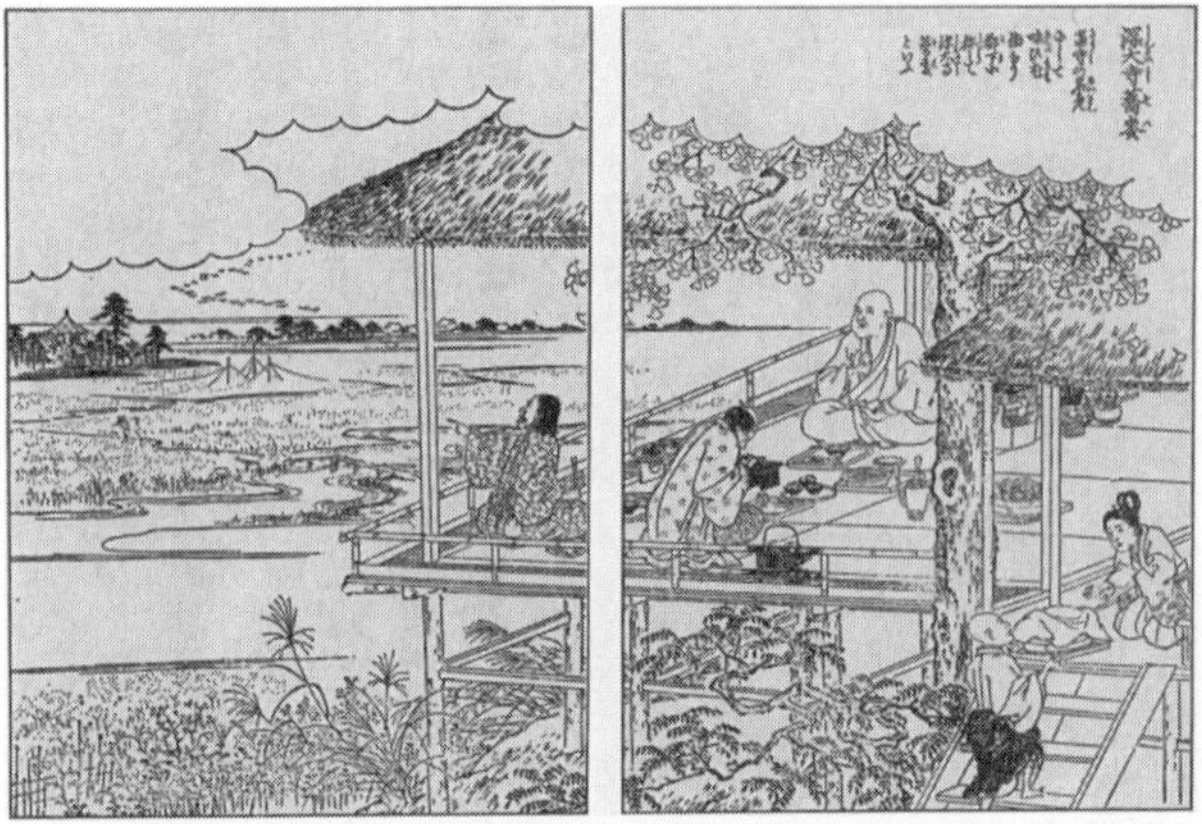

武蔵野新田の中にあった深大寺のそばは江戸時代から名物だった
(『江戸名所図会』)

になると畑の開発事例が多くなる。畑作に力を入れてきたというよりも、水の乏しい台地も対象にしなければ開発の場所がなくなってきたというべきかもしれない。

それらのうちの有名なものに武蔵野新田がある。これは、一七二二年（享保七）に悪化した幕府の財政再建のために年貢量の増加をはかるための手段としての開発であった。しかし実際は、生産力が低く経営も不安定で、新田農民の生活も窮乏していた。そこへ一七三八年（元文三）の大凶作が加わり、潰れ百姓が続出し、江戸や周辺の町場へ出稼ぎに出たり、離村する農民も少なくなかった。新田経営のためにさまざまな保護政策（用水・ため池の修理、食糧支給、貯雑穀の奨励、あるいは離村した農民に対して補助金を与えて帰村の推進など）がなされる状態が続いた。しかし、一八世紀の終りには穀物を中心とした畑作生産が急速に上昇する。そこへ水車の発達に力を入れた結果、コムギ、ソバの粉を大量に江戸へ供給することになる。

先に述べた新田放棄に等しいような状態の時も、ソバはつくられていたと考えられる。乾燥に強く、ほとんど管理が必要でないソバの特質が、農作業に通えない離れた場所にもつくり続けられる、捨てづくりを可能にしたからである。

こうして江戸の「そば切り」は「そば」に成長したのである。何やら現在の食の事情に当てはまってしまうようだが、第一は外食産業の発達、第二はグルメ、第三は健康食ブームといい換えればよいだろうか。武士であろうと僧侶であろうと、無宿者であろうと、田舎から出てきた人びとにはそばはなじみの食べ物である。三代江戸に住んで町民と呼ばれるようになった人びとがそばを食べるようになるには、やはり健康食ブームが最も強力な要因と考えられるが、いかがだろう。

そうして『守貞謾稿』が述べているように「今世、江戸の蕎麦屋、大略毎町一戸あり。不繁昌の地にても四、五町一戸なり」となったのである。

村人たちのそば切り

一方、農村ではどうだったろうか。江戸時代の農村の食生活を示す資料はほとんどない。

江戸の農書にもソバの栽培に関する記載はたびたび出てくるが、食べ方についてはほとんど記されていない。出てくるのは種実をとったあとは困っている人のために茎や葉をよく乾燥させて大切に残しておくようにと教えているとか、飢饉に未熟の種実である「めくそ」(前述)を食べる話である。

小諸の庄屋小林四郎の『きりもぐさ』(一八五七年=安政四)は庶民の日常生活を記録したものである。一七九三年(寛政五)以来、五、六〇年間にわたって見聞してきた日常生活や風俗の変遷をつづっている。その中のそばに関係のある部分を拾い上げてみたい。

「二〇歳前後まで、八満村三四から三五軒のうち酒を飲むものは六、七人にすぎず、残りは下戸で酒を忌み嫌っていたものであるが、今は三〇軒あるうちの下戸はわずか八、九人で、女衆まで杯のとりまわしを器用にする〝酒の世界〟になった。近頃そば切りをしきりに賞味するようになったのも、酒の接待が増したためか。文化七、八年頃までは仏事をいとなむにも酒なしで、夜はうどんや煮掛け、翌朝は芋汁などであった。その頃まではそばを卑しく扱い、気やすい人にそば煎餅、そば焼餅、そばがきを出し、またむじなそばといって、味噌汁に大根の千切りを入れて煮立てソバ粉をかき混ぜて下男下女に喰わせた。今は小麦を卑しめ、うどん・煮掛けではご馳走にならず、そば切りがご馳走になった。婚礼などでも「縁が続くようにそばをあげます」などといい、酒のあとにそばを出す」とある。この小林四郎は小林一茶より三〇年後に生まれた人である。

農村部でそば切りがどんどん広がっていって、全国的に「そば」で通じるようになるのは昭和も二〇年以降といえるだろうか。詳しい話はあとに記そう。

第三章　世界のソバ食文化紀行

昭和の初め頃に出版されたある本に、「本邦では専ら蕎麦切として食用にし、外国では家畜の飼料にする」とある。当時の日本のソバ生産量は現在の何倍もあり、フランス、ポーランド、アメリカ、カナダではその日本よりさらに産額が多いのである。その頃の日本人がそば切りだけを食べていたわけではない。欧米の人たちが飼料のためだけにそれほど大面積のソバを栽培していたのだろうか。

筆者は植物としてのソバの研究を始める前はイネの研究をしていたから、イネに比べてソバに関する研究資料が少ないのに驚き、ソバのことなら何でもと手当たり次第に資料を集めていた。そのとき読んだのが前記の資料である。植物の調査をしながら「これを飼料のために栽培するとは考えられない」と感じていた。その後、日本人と同じくらいにソバを食糧として大切にしてきた人たち、今でもソバの料理が好きな人たちを世界のあちこちに訪ねて歩いた。

筆者は一人歩きの好きな、自称他称の日本語とイヌ語のバイリンガルである。イヌ語というのは単語や文法のしっかりした言葉ではない。ひたすら直観的である。そしてイヌは忘れっぽい。大切に埋めた宝物の場所をいつも探して戸惑っている。ここに記す旅の物語が気まぐれなものであることをお許し願いたい。

朝鮮半島

春川で

二〇〇一年の八月末に韓国の江原道春川で、第八回国際ソバシンポジウムが開催された。江原道は韓国で最もソバの栽培が盛んな地域である。三年ごとに開催しているシンポジウムも八回ともなればまさに国際色も濃くなり、テーマも多様化してきていたが、何といっても研究者の集まりであるシンポジウムと、地域の町や村のソバ祭が共催のような形で同時に開催されたのが感動的であった。満開のソバの花に囲まれて、夕闇迫る中での韓国の伝統芸能や音楽は心にしみて、ソバ産地ならではの満足を味わわせてくれた。

そこは韓国の教科書にも載っている李孝石著『蕎麦の花の頃』の舞台である。ただし寒かった。高原の夏の終りは震えるような寒さだった。帰り道にスロベニアのクレフト博士がそっと寄ってきて「経験があるということは、年がよってもう期待が持てないということだと若い人はいうけれど、僕たちは経験のある科学者だよね」といってウインクを送ってきた。私もニヤリと返した。

古い時代に使っていた木製のマックッス押し出し機（韓国・春川）

この会話を意訳するとこうである。「ソバの花が咲く時期の夜が冷えるのは世界中どこでも同じなのだよね。この寒さがソバの稔りをよくし、おいしいソバをつくるのだと、僕たちは歩き回って知っているからこんな用意をしてきたのだよね」。クレフトと私の二人だけは、その寒い中で音楽会でエスキモースタイルよろしくボコボコに着ぶくれていた。

春川の名物メミルマックッスはソバ一〇〇パーセントの麺である。歴史はそれほど古くはない。村人たちは、朝鮮戦争が終結し故郷へ帰る将兵たちに何とか慰労の宴をと考えたが、戦争で踏みにじられたところには何もなく、あったのはソバだけ。それを使って、苦しかった日々への慰労と将来への祈りを込めて料理されたのが始まりと聞いた。

朝鮮半島のソバ麺については日本国内でも韓国冷麺としてもうおなじみである。あのシコシコとした歯触りはリョクトウデンプンによるもので、さっぱりした味わいはソバが入っているからである。しかし、同じ麺でも日本のそば切りのように包丁で切ってつくるのではない。押し出してつくる、いわゆるトコロテン方式の麺である。実は韓国内でも歴史も古く、広く食べられているのは、ソバ一〇〇パーセントのメミルマックッスよりも、つなぎの入った麺である。

シミョンとカルクッス

朝鮮半島のソバの麺は大きく二つに分けられる。シミョンと呼ばれる押し出し麺と、もう一つはカルクッスとかクッスとか呼ばれている、包丁で切ってつくる麺である。そして、それらのちがいの重要な点は麺をつくる方法にもあるが、さらに大きなちがいは何を混ぜるかにあるという。

麺はミョンと発音するが、ソバ粉とリョクトウを混ぜてこね、圧搾機にかけて押し出したものである。カルクッスのカルは包丁の意味で、クッスは麺と同義語だそうだ。クッスの本来の意味は「すくい上げる」という意味らしいが、その由来はここでは問題にしないでおこう。とにかく、カルクッスはソバ粉とコムギ粉を混ぜてこね、それを平らにして包丁で切るもので、いわば日本のそば切りの兄弟みたいなものである。

ごく大まかにいうと、カルクッスはコムギのとれる南のほうに分布する麺のつくり方で、押し出し方式は北のほうのやり方である。最近の日本では韓国冷麺などと呼んでいるが、伝統的には現在の北朝鮮タイプのほうが多い。リョクトウは豆もやしになるあの小さな緑の豆である。そのデンプンだけで麺をつくると春雨になる。もっとも、最近では春雨の材料としてはジャガイモやトウモロコシのデンプンが多いのであるが。リョクトウは日本ではこの二つの用途くらいしかないが、中国にもインドにもアジアには多く栽培されており、煮物やスープなど用途は多い。

リョクトウデンプンだけでは粘りが強すぎるので、ソバ粉を入れると食べやすくなる。ソバ粉とリョクトウの割合をどの程度にするかによって硬さが変ってくる。「韓国の麺はおいしかったけれど、嚙みきれなくて立ち上がって食べた」というような話を聞かれた方もおいでだろう。それはリョクトウが多い麺なのである。もっとも、立ち上がって食べるほど伸ばさなくても、器の中ではさみで切る店もある。

カルクッスのほうはソバ粉とコムギ粉だからもう少し柔らかい。これも混ぜる率はいろいろで、ほとんどコムギ粉を入れないものもあり、日本の「生ソバ」に似ている。

食べ方であるが、冷やして食べる方法と温かくして食べる方法がある。押し出し麺の系統は冷やして、切り麺の系統は温めて食べる場合がほとんどだそうだ。ここで読者は「アレ？」とお感じにならないだろうか。

私は大いに驚いた。上述したように、押し出し麺はリョクトウと混ぜてつくる北のほうの製麺方法で、切り麺は南だ。どうして北で冷たいものを、南で温かいものを食べるのか、どうも解せなかった。これは朝鮮の家の暖房方式によるのだそうで、オンドルで暖めた室内では冷たいものがおいしいからだそうだ。「炬燵でアイスクリーム」の類かと、少し納得できた。日本でも以前はアイスクリームは夏のもので、暖房の効いた部屋でのアイスクリームは最近のことである。オンドルが一般化されたのは李氏朝鮮王朝の初め頃（一五世紀）で、それまでテーブルで食べていたのが座って食べるようになったとされている。朝鮮北部はすごく寒いのだなとあらためて認識した。

電動式マックッス押し出し機。生地を押し出し機に入れて団子をつくり、それをもう一度同じ機械の中に押し込んで、麺を熱湯の中に落とす（韓国・春川）

　ところで、冷麺のように汁の少ないものと、かけそばのように汁につけたものの区別はどうなっているのだろうか。どうも、押し出し麺のほうは汁けが少ないものが多く、切り麺・クッスのほうが温かい汁の中につけて食べる場合が多いようだ。とはいっても、平壌冷麺はキムチの多い汁につけて食べるし、「すくい出し麺」とかいって、切った麺を熱湯に入れて、すくい出して冷たい水に入れて、それから出し汁に入れるのがふつうらしい。しかし、一般家庭ではすくい出さないで、そのまま煮込む方法、つまり煮込み方式、「ソバのほうとう」のようにして食べる場合もかなりあるともいう。

「たれ」や薬味、混ぜものの類の話であるが、南方は醬汁（ジャンクッ）とか肉汁で温かくして食べる。冷麺にはキムチはもちろん、いろいろの薬味で食べる場合と、ヒラメ、エイを使ってダシをとったり、盛りつけたりする場合がある。

製麵方法の歴史

ところで、二つの製麵方法の歴史であるが、押し出し麵のほうが古くて、昔は「漏麵（シミョン）」といったそうである。ヒョウタンの底に穴を開け、それにリョクトウとソバの粉を柔らかくこねて入れると、それから漏れ出して、麵状になる。ヒョウタンを高く持ち上げれば麵は細くなるという原理を利用したものらしい。切り麵のほうの歴史は比較的新しくて、コムギがとれるようになってからではないかと推定されている。

なぜ北にリョクトウにソバを混ぜるシミョンで、南にコムギ粉とソバのカルクッスの伝統が育ったのかという点である。たずねてみたら、北にはコムギができないからと、あっさり答えられてしまった。しかし、すぐには納得できなくて、手元にある一九四一年（昭和一六）の『旧朝鮮における農業調査』で調べてみた。

一九二〇年頃の記録でソバやリョクトウ、コムギの栽培地の分布を見ると、ソバはほぼ全域にわたっているが、傾向としては北半分に多い。そして、日本の焼畑に相当する火田の分布は北に多い。たしかにソバが多く栽培されていたとうなずける。リョクトウの栽培されているところも半島の全域にわたっているが、西半分のほうに多くて、ソバは栽培されているがリョクトウのないところもある。コムギは半島の南半分に多く、水田でイネの裏作として栽培されている場合と、畑で栽培されている場合とがある。

となると、コムギ粉とソバ粉を混ぜてつくるカルクッスが南半分における伝統の製法として成立したことはよくわかる。コムギはつくれないけれどリョクトウはできるところで、原理が簡単な押し出し麺もしくは流し出し麺の方法が古く成立したことも、なるほどとうなずけた。

多彩な朝鮮のソバ料理

ところが、リョクトウはできず、アワ、キビ、ヒエ、モロコシ、エンバクなどしかつくれなかったところにもソバは多い。ソバが火田（焼畑）の主要作物であるのは日本と同じらしい。となると、ソバもアワ、キビなどの雑穀と同じように粒で食べるか、粉にして簡単な食べ方をするかのどちらかだったのだろうか。朝鮮半島のソバ食文化史についての文献資料は多くなく、これからもっと研究したいと、国際シンポジウムで韓国の研究者たちは話していた。なお、その会議ではソバの麺以外にムックと、巨大春巻きのような済州島伝統料理パントッに似たものがおいしかった。

ムックは中国のところで述べる涼粉に相当するもので、甘くない水羊羹とでもいえばよい

韓国・春川で見たソバのムック（手前）

のだろうか。実にさっぱりとして口に心地よい。

江原道の高地はソバの産地でありながら、かつては麺のそばを食べさせるところはあまりなく、油で焼いたおやきが好まれたそうである。先に巨大春巻きのようなと書いたのは、そのおやきを薄くクレープのようにして焼き、その中に具を入れる調理方法として根づいていったのだろうかとも感じた。実はくわしい説明はしてもらっていない。次回に挑戦というところである。

済州島もソバ産地として古くから有名であるが、その伝統料理のパントッはソバ粉の生地を油をひいた鉄鍋で薄く円形に焼き、さめないうちに大根の細切りをのり巻きのように巻いて、両端を形よくぴったり押さえつけたもので、薬味醤油をつけて食べる、クレープに似たものである。春川で食べたのはこれが伝わったのだろうか。聞き忘れた。そのほかメミルチョベキと呼ばれるソバ粉のすいとんも済州島の代表的な料理の一つだそうである。

とにかく、ソバは昔から多く栽培されていて、朝鮮の麺の基本はソバである。以前は北方と南方ではつくり方や食べ方の伝統がちがっていたが、朝鮮戦争の時に北から多くの人びとが韓国へ移住したこともあり、今や韓国では南北双方の食べ方が定着した。その上に観光開発が進んで、素朴な田舎の食べ方も失われてきているようである。

韓国でもソバの需要は増大しているが、一方では栽培は減ってきているために中国からの輸入が増えてきているのが現状とのことである。ソバの多収の研究が急がれているのだが、はかどらないと研究者たちはいっていた。農家では換金作物、蜜源作物として栽培され、景観作物としても利用されている。水原では年二回、済州島では年三回の収穫が可能で、野菜としても四月から七月にかけて五回以上の作付ができるそうである。

なお、朝鮮半島のソバは第二次大戦中までは台湾、中国東北部とともに日本国内の需要をまかなっていた。

中国大陸

白楽天の時代から

シンポジウムで会うたびに、中国の研究者たちは僕たちのところへもおいでよ、おいでよと誘ってくれるが、聞くとバスで一昼夜とか三日がかりとかである。バスの苦手な私はため息をついて、またいつかね、で終ってしまう。二〇〇一年（平成一三）の一〇月末に、もっと簡単な行き方があるのではないかとふと気がついて、飛び出した。

「蕎麦　花をしきて白し」と詠んだ白楽天のいた長安、今の陝西省西安と、もう少しシルクロードを西へ入った甘粛省の蘭川を訪ねた。何だか急に白楽天に逢いたくなったのである。

前記の歌は白楽天が「長恨歌」を世に出して名声を博し始めて間もない頃、八一二年（元和七）に都長安で詠んだものである。白楽天にはこのほかに「独り門前に出て野田を望めば月明らかに蕎麦花雪の如し」もあるが、これは時期も場所も不明である。彼は山西省の生まれで後に仕官して長安に移っている。雲南あたりに起源して黄土高原に沿って北上したと推定されているソバに、彼はふるさとで親しみ、長安に来てふるさとを思い出していたのだろうか。当時の長安は唐の都として隆盛をきわめた時代であったのを思うと、ふと日本の江戸で地方出身の文人たちがソバを懐かしんだ話を思い起こしてしまう。もっとも時代はずいぶんちがうのではあるが。

中国にはソバに関する世界最古の記録がある。第二章でも述べた、六世紀の中頃に中国山東省の高陽郡の太守賈思勰《かしきょう》編集になる農書『斉民要術』である。しかし、ソバは巻頭の「雑説」に出てくるのみである。実はこの「雑説」は本文とは体裁も文体もまるでちがうので原著ではなく、後世の付加だろうというのが定説である。そして、この後世というのは南北朝の末期あたりらしく、その頃には万里の長城外域の作物も中原の地へもたらされて、記載されたものと推測されている。序言にあたる程度の雑説の中にのみ記されているとはいっても、ソバの播種から刈り取り時期まで、実に的確な諸注意が述べられている。

時代が下るにしたがってソバの記録は現れてくるが、唐の初めの七一三年（開元元）に亡くなった、名医で名高い孟詵《もうせん》の著『食療本草』には、ソバが消化によくないと記されている。これらは先の日本のそば切り以前のところで触れた日本のソバについての最古の記録『続日本紀』（七二二年＝養老六）とほぼ同時代にあたり、日本でも当然栽培されていただろうと私が推測した根拠である。

元代の一三一三年（皇慶二）、王禎の記した『農書』にはかなりくわしく記されているが、栽培の話は省略するとして、食べ方の話はこうである。「殻を去り、ひいて粉になし、のばして煎餅として、蒜とともに食べる。あるいは湯餅にする。これを河漏という」（篠田統著『中国食物史』）。

江戸の文人たちがちょっとおしゃれにそば切りを「河漏」とか「河漏子」とか呼んだのはこの文の影響だろう。しかし、そば切りと河漏麺とはつくり方がちがう。あとで記そう。

ともかく、ちょっと時間があったので白楽天に逢いたくなったわけである。時期が晩秋だったからソバの花の時期をはるかに逸しているし、時間がなくて西安と蘭川の街をぶらぶら歩いた程度に終ってしまったが、急速に進む開発で、再度来る頃にはなくなってしまいそうな古い町並みや露店を見て歩けたのは満足だった。

一九九二年に国際シンポジウムで訪れた山西省は中国の中でも麺食の歴史が古く、種類の多い地域で、さらに国際シンポジウムだからと地方の料理も出されたらしく、毎日朝から晩まで、これでもか、これでもかのありさまで、腹も頭もただただ驚いていた。どの料理もおいしかったが、「麺の故郷、ソバの故郷でそばを食べる」との期待は霧散した。「これがそば?」と、意外な感がしたのだ。考えてみれば、材料が同じでも、調理方法で味も食感もまるでちがってくるのは当然である。それを、どうしたことか「ちがいを楽しみたい」という旅の心を忘れて出かけたためであろう。

シンポジウムのような席で得られる知識は多いはずであるが、何しろ私の専門は栽培で、集まる人びともその関係の人びとのほうが食に関する問題を取り扱っている人びとよりはるかに多いから、食に関する話はついつい雑談的になってしまう。いつも帰国後に思うのだが、そんな席では私は何語で誰と何を話したのか、わけがわからなくなって帰ってきている。

世界一の多様な利用法

古い時代からソバの記録を持っている中国は、現在ソバの生産量世界第二位を誇っている。栽培が多いのは主に東北部(旧満州)、内蒙古、雲南省、陝西省、湖南省で、日本は中国からの輸入量が最も多い。中国は麺の故郷でもあり、その他の食文化も多彩で、ソバの利用方法の多様性にかけてはこれはもう世界一ではなかろうか。さらに、雲南はソバの起源地と推定されているように、日本で栽培されているふつうのソバのほかに近縁の種も多い。

しかし、実は筆者がそのソバの文化のお膝下を訪れたのは昨秋を含めて四回でしかない。

一度目は一九八四年雲南へ、二度目は一九九二年に国際ソバシンポジウムで山西省の太原へ、次は浙江省への一九九四年と、二〇〇一年秋の四回訪れただけなので、あの巨大な国の表皮細胞をほんのちょっとかすった程度である。しかし不思議なもので、一人で歩いてみると、何やら自分の手で触れているような気分というか、大げさにいえば、自分はこの大地につながっているとの安堵感が湧いてくる。だからといって、ここで中国のソバの食文化について云々するのは何とも心苦しい次第であるが、国際シンポジウムで何度か同席した人びと、私宅に泊まってくれた友人たち、送ってもらった多くの文献などを織りまぜて、少し紹介させていただくこととしよう。

もっとも、これがなかなかやっかいな問題で、筆談は容易だし、本を読むのも漢字だから意味はだいたい通じるような気がしてしまう。ところが中国で「麺」はコムギ粉製品の総称で、日本の麺は麺條とか麺條児と呼んで区別し、日本語の餅はもち米を蒸して臼でついたものであるが、中国語で「ピン」と読めばコムギ粉でつくった食品のことで、饅頭、包子、焼売などのように蒸籠《せいろ》で蒸してつくったものも、焼餅、煎餅などの焼いたもの、揚げたものまで含む。それでもこの程度の話は私の中にも常識になり始めているから不明の点は問い返せばよい。さらに戸惑うのは、周辺地域には少数民族が多く、そこでの表現は漢民族の言語によるものではない。

その上、現在ではこのような食品を表す言葉がどんどん変っていっているそうで、中国の人たちも自分の使っている言葉以外は区別がむずかしいのだそうである。とにかく、先の例はコムギ粉を例にとって示したが、それらをソバでつくる時はソバ○○となり、一応ソバという形容詞がつくのではあるが、実際はつかない場合も多いそうである。

中国料理を英語で表現してもらうと簡単に理解できたような気になる。ところがこれが最悪な方法で、まるでちがうものをお互いにイメージしている場合も多い。日本では日本的常識で英語を使い、中国では中国的常識で英語を使う。それでも、ソバカステラだけは日本のソバカステラと同じらしい。どちらの国にとってもカステラは伝統料理ではないからかもしれない。

「河漏麺」

これは中国で古くからあり、最も広く分布している麺のつくり方で、河漏床と呼ばれる木製の製麺器に粉を溶いた生地を入れて梃子の原理を利用して押し出す、いわゆる押し出し麺である。朝鮮半島の北部で多くつくられると記した「漏麺」と原理はまったく同じである。そして、漏麺の原形はヒョウタンの底に穴を開けてそこから流し出す方法であったとも書いたが、実は山西省の北部の農村にも「ヒョウタン麺」とでも訳すとよさそうな麺があるとのことであった。

前述したように、江戸の一時期に文人たちがそば切りを「河漏」「河漏子」と呼んでいたことがある。先に上げた王禎の『農書』に出てくるのはこの麺で、日本のそば切りは包丁で切る。

河漏麺というほうがつくり方の原理がよくわかるのだが、山西省をはじめ、内蒙古、陝西省などで「ホーロー……」と呼び慣わしている地域が多く、河漏床のことも「ホーロー床」と呼んでいる。

麺の本場の太原で見たソバの麺

この方法による麺の製法は、コムギのできなかった山西省やそれより北の雑穀栽培の地域では、ユウマイと名づけられている裸エンバク（オート麦）で始まったようである。コムギ畑の雑草として出発したエンバクはコムギよりも耐寒性が強く、より温度の低い地域に栽培されるが、それには皮がついたエンバクと、裸エンバクとがあり、皮つきはヨーロッパに、裸は東洋に伝播してきた。

皮つきエンバクはロシア、ウクライナに多く栽培されていて、皮つきエンバクの製粉は簡単ではないのでオートミールなどの原料になる。この皮つきエンバクが伝播した地域のソバの食べ方は後ほどお話する。裸エンバク

西安の中央広場にある立ち喰いの店。看板の左下の語はソバの押し出し麺を意味する

西安のニガソバでつくった麺

は製粉が可能であるから、麺がつくられるようになったわけで、その麺の伝統のあるところへ入っていったソバは、ユウマイでつくるホーローと同じように押し出し麺になったのだろう。ホーローとは「細長い形の食べ物」の意味だそうである。

二〇〇一年秋の西安でニガソバの麺を食べた。冷たいかけそばで、二・五元だった。帰国して「おいしかったか」とたずねられたから、「まずかった」と答えたら、「なぜまずいものを食べるのですか」と問い返された。これも五回食べに来ればおいしいと思うようになるかもしれないと思いながら食べるのは楽しいではないか。私はそんな食べ方が好きである。ニガソバの冷かけは大人気で、江戸のぶっかけそばを思い出して心が和んだ。しかし、先の「なぜ……」の質問には答えなかった。最近の日本のグルメ族的なその人に説明するのはむずかしそうだったから。

「猫の耳たぶ」マオアルドウ

猫の耳たぶのような可愛い形をしているのでこのように名づけられているもので、イタリアのシェルマカロニに似ているとでもいえばよいだろうか。これはソバ粉でつくられる場合が多いが、コウリャン粉、ユウマイの粉でもつくられ、山西省やさらに北の地域に多い調理法といわれている。小さく切った生地を、両手の親指で押さえ、一つずつ前へ押し出し、薄く猫の耳のように巻いた形にして鍋に落とし込むだけである。

手まねで教えてもらった時は実に簡単そうに思えたので、帰国後につくってみたが、それほど簡単なものではなかった。形がうまくできない。生地に打ち粉をまぶし、それを包丁で小さく切って成形して熱湯に落とし込む、このそれぞれの段階が微妙なようで、一度は生地が硬すぎたし、次は少し柔らかすぎ、さらに打ち粉をまぶしすぎてしまったこともある。

あとで知った話では、麦わら帽子の切れ端を台に固定し、生地をのばして打ち粉をまぶし、包丁で小さく切ったものを一つずつ、帽子のひさしに載せ、親指でひねるように押しの

西安のイスラム教徒の街で「猫の耳たぶ」をつくる少年。これはコムギ粉だが、ソバでつくる場合が多い

ばすと、帽子の編み模様がついていかにも猫の耳のようなものができるのだそうである。これは切り麺の一種といえるのだそうである。

西安のイスラム街では鍋に落とす方法ではなく、テーブルの上でつくっていた。この材料はソバではなくコムギである。

涼粉

涼粉は韓国のところで紹介したムックの仲間であり、中国南部に多いようで、ソバの涼粉は四川省のご自慢だそうである。粉を器に入れ、水を加えてよくかき混ぜ、濾過する。鍋に水を入れ、ミョウバンを少し加えて沸騰させる。これに先の溶いたソバ粉を入れて、弱火でゆっくり粘りが出るまで練りながら炊く。適当な器に入れてさますとでき上がりである。涼粉は米の粉でつくることが多く、したがって、米栽培の多い中国の南部に多いものだそうだが、ソバを始め、リョクトウ、エンドウ、ジャガイモ、サツマイモなどのデンプンでもつくるようである。

これも西安の中央広場の立ち喰いの店で食べたが、おいしいとは感じられなかった。理由はニガソバのホーロー麺の場合とはちがう。単に寒くて、冷たくさっぱりしたものに震えそうだったからである。

その他のソバ食品

【烙餅（ラウビン）】　胡餅とも書くようで、唐時代の少し前頃からコムギや石臼が西方から中国へ伝来し、それにともなってやってきたイラン風の食べ物だそうである。「胡食」は長安を中心として流行したので、内蒙古の胡餅もその名残であろう。ただし、漢語の「餅」は先にも記したように、日本の餅のようにもち米を蒸して杵でつくものを指すのではなくて、コムギ粉製品全般を指すから、ソバの胡餅もソバ粉でつくったイラン風ケーキとでもいうのだろうか。

もてなし料理の涼粉。中国の代表的な料理法の一つである（太原）

実は太原のシンポジウムで食べたものの記憶の中に入っていなかったので、二〇〇一年秋の西安行きはシルクロードの入口でそれを食べてみたいとの希望もあったのだが、今回もやっぱりダメだった。出発ギリギリの時に陝西省の伝統料理を集めた店を見つけたが、時間もなかったし、胃にそれを入れる隙間もなかった。やっぱり一人で歩きまわるのは無駄が多い。にもかかわらず、次回も一人旅を希望しているのだから、筆者もなかなか手間のかかる性格だといわざるをえない。

【灌腸（グァンチャン）】 ソバの腸づめとでもいおうか。これは山西省の名物の王である。米のとれるところでは、もち米に豚の血を混ぜ、大腸につめてしばり、蒸すという習慣を持つ少数民族もある。ヨーロッパでは剝き身のソバ粒を獣肉や血液に混ぜてソーセージをつくるのがかなり一般的なソバの利用方法である。しかし、ここ山西省では剝き身のソバ粒ではなく粉にするほうがふつうだから、血とソバ粉を混ぜているようである。

そのほかには、そばがき風、饅頭風、餃子風、ビスケット風、クリームケーキ風、パンケーキ風などなど、非常に多様な方法でソバを利用している。

【チャオ米】 これも中国南部の米の栽培地帯に多い調理方法で、日本のソバ米と同じような使い方で、殻をむいたものを飯状や粥状で食べる。

ソバ米風の食べ方は中国では米の栽培が多い南のほうに多いが、次に紹介するのはこれも雲南の食べ方だが、ソバの粒食ではない「ご飯風ソバ」である。

【芥疙瘩（チャオグーダ）】 これは粉からつくるもので、粉に加水してそば切りの生地をつくる要領だが、そば玉がいかに小さくつくれるかが問題だそうである。日本の手打ちそばのようにバラバラにならないようにまとめるのがコツではなくて、バラバラにするのが重要なのである。それを蒸し上げて粒状のそば玉を冷水でしめて玉の肌を整える。これを使っておもてなし料理にしたものが、ジングーイン（金裏銀）、一種のおぼろ飯で、白米飯とチャオグーダを混ぜて炊く。

なぜ殻をむいたソバ米を使わないで粉からつくるかというと、このソバは普通ソバではなく、ダッタンソバだからである。皮がむけないのでソバ米ができないからだ。

【芥巴巴（チャオババ）と花巴巴（フォアババ）】　これはぜひつけ加えさせていただきたい。いってしまえば何の変哲もない中華鍋でつくる単なる薄いパンケーキと焼きそばである。しかし私はつくり方が気に入った。中華鍋さえあれば何でもできるとよくいわれる。私も鍋を洗うのが面倒なときは中華鍋ひとつを適当に使っていろいろの料理をしているが、このチャオババなるパンケーキはむずかしい。中華鍋の真ん中にドンと溜まって団子になってしまう。手近にフライパンがあってよかったとしみじみ思う。

「糸を引く程度に溶いたソバ粉を油をひいた鍋に指先からたらしていく」これだけのことである。私もやってみ

太原の乾麺工場での乾燥風景

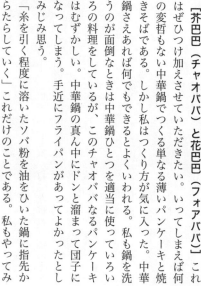

たが、細い麺にはならない。何度も挑戦を繰り返したが、薄いパンケーキの破れたようなものができただけ。チャオババとフォアババの中間である。嫁に行くまでに習っておかなければならない女性のたしなみだろうか。かつて日本の山里では「そばが打てなければ嫁のもらい手がない」といわれていたそうだが、それに相当する技術にも感じられる。

この細い麺の第三タイプに接して、「切り麺」と「押し出し麺」に分けてきたことが、何やら無意味ではないかと思えてきた。読者の皆様はどのように感じられるだろうか。とにかく私は大いに感動した。

ヒマラヤの国々

ヒマラヤ山脈の南麓のバングラデシュ、ブータン、インド、ネパール、パキスタンの諸国にもソバがある。バングラデシュは国土のほとんどが低湿地でイネを栽培しているが、ごく限られた標高の高いところではソバを栽培している。最近ソバに力を入れてきているようであるが、何分にも栽培可能な標高の高い場所の面積も少なく、雨の多い地域なので適していないといえるかもしれない。

インドでソバが栽培されているのはヒマラヤ南麓の東の端、ブータンの東のアッサム地方、ブータンとネパールに挟まれたシッキム、紅茶で有名なダージリン、ネパールの西のカシミールなどの北部山岳地帯に限られており、あとは南部の山地でごくわずか見られるにすぎない。しかし、インドでは古くからソバの薬用植物としての利用の研究もなされており、また宗教的行事に用いられている。

インドでは自国のソバの生産が不十分でネパールから輸入している。日常的な食べ方はブータンやネパールとあまり変らないが、ここには麺はもうない。有名なチャパティ、ネパール語でいえばロティが主であるといえようか。

遠くにヒマラヤを望み、バナナの手前にソバ畑が広がる（ネパール・ポカラ）

ヒマラヤ山麓で興味深いのはブータン以東とネパール以西では食文化が非常に異なることだろう。それはインド文化の影響だという人もいるが、私にはモンスーンの終るあたりから食べ物も確実にドライなものになるのがおもしろい。それをソバ料理だけで示すことは困難であるが、一応次にソバの伝統の古い国であるブータンとネパールを挙げておこう。

ブータン――高標高地での栽培

ヒマラヤ山脈の南麓の中央の国がネパールなら、

東の国はブータンである。ブータンは山の国ではあるが稲作が多い。標高二七〇〇メートルまで栽培されていて、世界で一番標高の高い稲作だろうとされており、赤米を栽培している。イネをつくるチベット人ともいわれる人びとの国である。ちなみに日本の稲作の最高地の記録は長野県の一三〇〇メートルあまりである。

ブータンでも二七〇〇メートルを越えるとさすがに温度が下がり、米はできなくなって、オオムギや雑穀の地帯に変る。そこで重要視されてきたのはソバで、しかもダッタンソバが普通ソバと混播されている。ブータンの農民は、普通ソバを連作するとダッタンソバに変ると信じているのだそうである。実際は二つの種が簡単に交配することはない。普通ソバの開花期が雨に遭遇すると虫の訪花が少なくなり、当然自殖性のダッタンソバの稔りの率が多くなる。単にそれだけの話だろうと私は解釈するが、「こんな説明をしたらヒマラヤのロマンが薄れそうだ」といったら、「お前はそれでも自然科学者か」と、友人に一喝された。

ブータンではこの二つの種のソバをいっしょに刈り取り、脱穀し、粉に挽いて食べる。つくるのは、麺とそばがき風な食べ方である。麺をつくる場合は、ソバ粉を大きな器に入れ、徐々に水を加えて練る。コムギ粉のようなつなぎは入れない。練り上がったソバをプタと呼ばれる河漏床に似た押し出し麺の木製の製造器に入れ、その梃子の柄の部分に腰かけて、押し出す。

熱湯で軽くゆがき、水でぬめりを落として、皿に盛り、アサツキ、トウガラシ、マスタードオイル、脱脂粉乳をかけて食べるのだそうである。この麺の料理も製麺器の名前と同じくプタと呼ぶ。こうしてでき上がったプタをあぐらをかいて床に座り、手で食べる。手で食べるソバの麺である。

ブータン、ネパール、パキスタンの人たちは手で食べ、手が味を感じ、そのほうがちゃんと腹におさまるという。私も手で味わいたいとやってみるが、味わうどころかつかむのもなかなかむずかしい。私はまだ目と鼻は食味に関係のあるものを感じるが、そのうちにその感覚も退化するのではないかと心配になってきた。レトルト食品は字が読めればよいだけである。

何やら、人間の動物として持っていたはずの能力の消失のようにも感じられなくはない。文明は私たちがだんだん損をしていく過程にも思えてくる。

なお、このプタをつくる場合に、梃子の柄の部分に腰かけて押し出すやり方は、かつて雲南省のシーサンパンナでタイ族の女性たちが米線（ビーフン）をつくるのを初めて見て、その体力の使い方の単純明快な合理性に驚いた。

ブータン流そばがきとパンケーキ

ソバの料理はこのほかに、火にかけた鍋の湯の中にソバ粉を入れながらかき混ぜるデンゴがある。日本流にいえば鍋がきにあたるものだろう。また、練ったソバを掌に載せ、器のようにして、バターとトウガラシを加え、なじませながら食べる、ブータン風そばがきもある。水で溶いたソバ粉をパンケーキ風に焼き上げるとクレになる。

ロンバの日、ロは歳でバは重ねるの意味だから、お年取の日という意味だそうで、以前は日本でも数え年は毎年お正月に歳をとったのと同じ習慣だが、その日のご馳走にヒュンデとかヘンデと呼ばれる蒸し餃子風なソバ料理をつくる。カブの葉やアマランサス（センニンコク）、チーズをたっぷり入れて、ソバ粉でつくった皮に包んでゆでる。

アマランサスはヒユ科に属する南米原産の作物で、現在ではブータンやネパールのヒマラヤ山麓で栽培されているほかはあまり見られないものであるが、日本ではこれとよく似たものに秋田のトンブリ（アカザ科に属するホウキギの実）がある。プツプツとした舌触りがなかなかおつで、栄養に富む。アマランサスの近縁種は多いが、ミネラル含量、ことにカルシウム、マグネシウム、鉄分などがほかの穀類に比較して格段に多いことから、近年世界的に注目を浴び始めている作物の一つである。このヒュンデはアマランサスの風味とソバの苦みとがなかなかよく合うのだそうである。

ソバはこのような粉食のほかに、粒のまま米のように調理されて食べる。また、若い芽や葉は野菜として利用されるし、酒の原料にもなる。さらに、脱穀して残った茎や葉は家畜の飼料にしているとのことである。

ネパール――粉食から野菜まで

ネパールは私が初めて海外のソバに会いに出かけた国である。ネパールでは日本と同じふつうのソバをミトパーパル、ダッタンソバをチトパーパルと呼ぶ。カトマンズで、エベレスト街道の高いところには「ミトパーパルがある」と聞いて、ルクラまで小型飛行機で飛び、その後は喜んで山道を歩いた。あまり山歩きに強くない私の足が何やら軽く、土地の人びとが「ビスタレ、ビスタレ（ゆっくり、ゆっくり）」というのを耳にしながら、いそいそと歩いた時のヒマラヤの空は譬えようもなく青かった。

何泊かをテントで過ごして、三九〇〇メートルのクムジュンに着き、このあたりからミトパーパルに会えるのだと気負い立っていたら、その夜あたりから意識が朦朧としてきて、気がついたらカトマンズの病院にいた。エベレスト登頂を終えたイギリス隊のヘリで運び下ろしてもらって、四日間意識不明のままだったそうである。それから一〇日ばかりで回復した時に、医師から「これからどうしたいか」と聞かれて、「絶対にクムジュンへ行きたい」といったら、「クムジュンへは絶対に行ってはいけない」と止められた。朝霧のクムジュンは今でも夢に見るほどすばらしい村だった。

あとでわかったことは、「エベレスト街道のミトパーパル」は「普通ソバ」ではなくて、「ダッタンソバの中のおいしいほうのソバ」の意味だったのだそうである。言葉の使い方はいろいろだと身にしみて感じた。

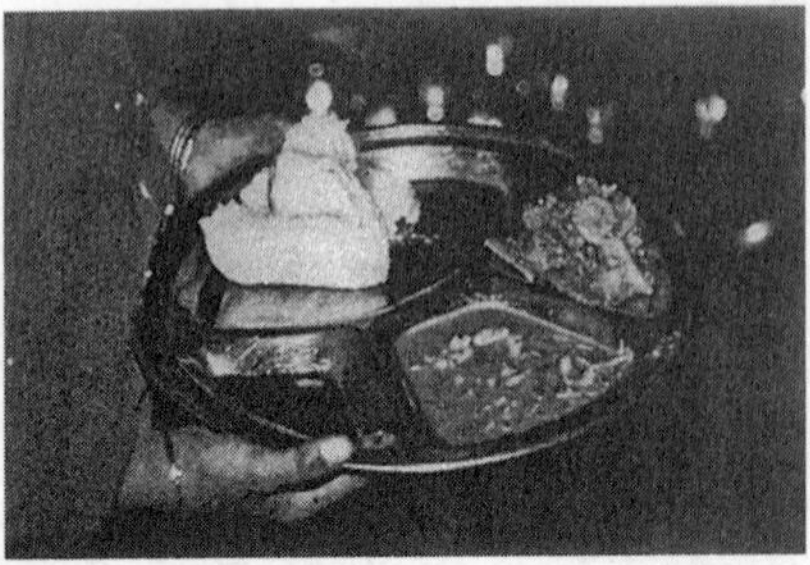
ネパール風そばがきのバイトウ（左上）とカレー

ネパールにおけるソバの利用は地域によってさまざまである。最も一般的な調理方法は、ソバ粉をそばがき状にしたディンドというもので、これはソバだけでなくトウモロコシ、シコクビエなどでも同様の調理方法がある。また、ロティ（パンケーキ）やスッカ・ロティ（インドのチャパティ）のような食べ方も多い。これらのものは山岳地帯での主食としての調理方法でもある。しかし、現地の農民は毎回の食事にソバを食べているわけではなく、一日二食の食事の中で、朝夕のどちらか一方にソバ、もう一方に米、コムギを食べている。

種実を製粉して用いる場合の前記の調理方法は、普通ソバでもダッタンソバでも見られる。しかし、ダッタンソバを用いる場合は、苦味が強いのでジャガイモをすりつぶして混ぜたりコムギ粉を混ぜたりして、苦味をやわらげて食べている例が多い。

そのほかにもさまざまな調理法がある。ネパール西部ムスタン郡と中西部ドルパ郡のタカリ族ではそれがことに多様で、いわゆるハレの日などの特別な日にソバを食べる習慣が見られる。

現在の日本にはほとんどないソバの利用法を挙げてみると、ソバの茎や葉を野菜として食べる習慣がかなり広く見られることだろう。とくに山岳地帯では雨季が始まる六月から七月までが野菜の端境期となり不足しがちであるから、比較的生育の早い作物のソバを山岳地帯やネパール極西部で野菜として利用している例は多い。茎葉は普通ソバ、ダッタンソバともに利用するが、ネパール西部では、ダッタンソバの葉が柔らかいというので、ダッタンソバの茎葉を野菜として多く利用しているようである。

ネパールのソバでつくったチャパティ

ヤギなどの腸に、血で練ったソバ粉を入れてかまどの上に吊し、乾燥して燻製にしたネパールのギャンティ

なお、タライ地帯でのソバは換金作物としてインドに輸出されるために栽培されていることも多い。山岳地帯ではかつてチベットとの交易が盛んだった頃は、普通ソバ、ダッタンソバ両栽培種を塩などと物々交換する作物としての役割があったが、現在ではローカルマーケットで少量が流通する程度で、ほとんどは自家消費作物となっている。

ネパールの普通ソバとダッタンソバ

地域的に見ると、ソバ栽培地はネパールの山岳地帯に広く散らばっているとみなされている。しかし、ネパールの東部から極西部までのそれぞれの地域でソバの重要性は異なる。

ネパールでソバが最も盛んに栽培されている地域は、西部のムスタン郡で、可耕作地の七〇パーセント以上は夏作物にソバが栽培されている。またネパール東部のソルクンブ郡の二五〇〇メートル以上の高標高地帯でもソバの栽培が多くおこなわれている。西部のタカリ族とグルン族、東部のシェルパ族は、ソバをとくに好んで栽培する民族ともいえ、両地域から低地に移住した場合でもソバの栽培とソバ食を続けている場合が多いようである。タライ平原ではソバの栽培はあまりないが、栽培している人にたずねてみると、出身地がこれらのソバ好き地域で、そこから低地へ移り住んだ人びとである。

ソバの作付面積に対する両種の作付比率を見ると、ネパール東部の高標高地帯（標高二四〇〇〜三八〇〇メートル）では、ダッタンソバがソバ栽培面積のほとんどを占め、逆にネパ

ネパールで見たソバの葉の乾燥。スープにしてご飯にかけて食べる

ール西部（標高二〇〇〇〜三〇〇〇メートル）では普通ソバがかなりの比率を占めている。中西部では、作付比率はほぼ半々で、標高の高いところではダッタンソバの比率が高い。両方のソバ栽培種の分布を比較してみると、食味の上から普通ソバが好まれているとはいえ、ダッタンソバの作付が普通ソバより多い地域もある。

植物としての性質から見ると、ダッタンソバが普通ソバよりも冷涼な山岳地帯に適していて収量が高く、東部のように開花時期が雨季にあたるところでは普通ソバの受精が低下するので栽培に適さないと考えられる。これはブータンの農民が、普通ソバとダッタンソバを混ぜ播きしておくと、普通ソバがダッタンソバに変るというのと同じ要因からくるものである。

両種の栽培可能なところで普通ソバとダッタンソバのどちらを栽培するかの選択の理由を現地農家に質問してみると、食味から普通ソバを栽培すると答える場合が多いが、ダッタンソバは食欲不振の際に食べるといった薬用的な利用、普通ソバよりも葉が柔らかいという理由から野菜としての利用など、ダッタンソバならではの利用目的によっている場合もある。

ロシア、ウクライナ、キルギスタン

「カーシャ」の国

ソバはロシアへは一五世紀に伝わったと考えられているようで、その後ロシアの農民たちにとってきわめて重要な作物となり、多くの格言や伝説が残されている。その一つが「ソバのカーシャはお母さん、ライムギのパンはお父さん」。カーシャというのは日本の米とかオートミールのように穀物の粒としての食べ方の一般名称であったのが、最近ではソバのカーシャを指す場合が多くなったようである。

だからだろうか、ロシア、ウクライナはソバのカーシャと育種の国に感じられる。あとで述べるスロベニアやポーランドの研究者とはちがって、ロシア、ウクライナの人たちに食べ方をたずねてみると、「カーシャ」と異口同音に返ってくる。「ほかには」とたずねてもあまり興味なさそうにする人も多い。

かなりあとになってわかったのだが、それには三つの理由がありそうだ。一つはカーシャの食べ方が実にさまざまで、それらをひっくるめてカーシャと呼ぶかららしい。その食べ方についてはあとで追々説明させていただこう。

二つ目の理由は、多分旧ソ連のソバの栽培地帯がきわめて広く、研究者たちには育種にも栽培にも無限の可能性が感じられる時代が続いたからではないだろうか。最近の日本では研究の重点が食べ方やその機能性へと移ってきているのが、輸入への依存と軌を一にしていることと考え合わせると、ちょっと皮肉な気分にもなる。それはともかくとして、育種の大家たちを育ててきたソバ大国ロシア、ウクライナの研究者気質を表すもののようにも感じられる。

ロシアのカーシャ（手前左）

さらに、ロシア、ウクライナの研究者たちはロシア語しか話せない人が多い。国際シンポジウムが開かれるようになって英語を話すようになった人もいるにはいるが、英語などわれ関せずの風がある。ウクライナの研究者のトップは女性で、エカテリーナ女帝もかくやと思わせる貫禄と美しさがあり、少女時代はさぞやと想像してしまう。彼女は世界で最多数のソバの研究論文と本を書いている。また、ロシアのトップは育種の研究者F博士で、彼の研究態度には他の追随を許さないものがある。

実はこのお二人は英語はまるでダメだが、英語が通じないことをいっこう気にかけるふうもなく、いとも優雅に微笑んでおいでになる。旧ソ連の人びとが英語を話さないというと、何やら堅苦しく感じられる方もあるかと思えるが、そうではない。ロシアの育種の権威F氏の息子Fジュニアは、「英語を話すのは三年に一度の国際シンポジウムだけだから、なかなかうまくならない」と、恥ずかし気にいう。多分四〇歳代だろうが、まるで二〇歳代の雰囲気・ナイーブさがある。

もっとも、料理を調べる場合にも言葉の問題がやっかいなことを生む原因になってくるのは当然の話であろう。私はロシア語が少し読めるが、それはロシア文字を見てもハングル文字ほど後ずさりをしないし、単に辞書が引ける程度のものである。これから紹介するロシア、ウクライナのソバの食べ方をどうして理解したか、ご想像におまかせしよう。ただ、英語を話せない人のほうが伝統料理についての理解が深そうに感じられたのには、何だかしみじみとした思いにさせられた。

カーシャは料理の材料にも、煮て調理したものにも用いる呼び名である。つまり米も飯もカーシャである。代表的なソバのシリアルつまりソバカーシャを次に挙げておこう。

カーシャを調製するには、いくつかの方法がある。前もって加熱することなしに外皮をとって調製する方法や、一〇〇～一二〇度であらかじめ加熱して外皮をとる方法がある。粒のままと挽き割りにする場合もある。

[ソバカーシャ] 材料はソバカーシャ（一カップ）、コショウ（二分の一さじ）、卵一個、ダ

シ（ブイヨン二カップ）、塩一さじ。シチュー用の深鍋にカーシャ、溶き卵およびコショウを入れ、中火にかけながらポロポロの団子状になるまでかき混ぜる。出し汁を加え、一度だけかき回してからきっちりとふたをし、一五〜二〇分間弱火で調理する。柔らかくなったら火から下ろし、好みによりバターを加えて食べる。

カーシャという言葉は最近は日本でもかなり使われるようになり、少しずつなじみが出てきたが、それを「粥」とか「雑炊」とかと訳している場合が多い。しかし、カーシャの一般的な食べ方は粥や雑炊から想像されるような水気の多いものではない。だから、私はメシ、ご飯のほうがはるかに実物に似ていると思う。ただし、お釜の中で米粒が立つように煮上がるのがおいしいご飯ではない。ふくれて柔らかい、どちらかといえば「硬粥」といえばよいのだろうか。また、この標準レシピにはソバの粒としたが、挽き割りでつくる場合も多い。

先のウクライナの女帝Mさんはカーシャのレシピを三〇以上知っているそうである。そして、最近五〇年ばかりは工場ではソバの製粉はしていないそうで、「カーシャ以外の食べ方は」とたずねても、「カーシャ」と答えるのは当然であろう。実は私はチェルノブイリに近いMさんのところへ遊びに行く約束をしていたのだが、ビザの期限が切れて、在モスクワ日本大使館から明日のフライトで帰国して下さいとの話になり、それでも粘ってソ連の科学アカデミーに交渉してキエフまでは行ったのだが……。いつか必ずMさん宅へ押しかけて、その三〇種類のカーシャ料理を教えてもらおう。でも、私たちは何語で話すのだろう。いやいや、大丈夫、巨大なウクライナ美人とチビの私は大笑いをしながら何十人分かのカーシャ料理をつくり上げて、大宴会を催すことになるだろう。その報告はあとの楽しみに残しておこう。

フルコースの中で

次はフルコースの中のソバ料理である。

ロシア人の生活といえば、サモワールで茶を沸かして飲み、カビアールでウォトカを飲む時の前菜のことを思い浮かべるかもしれない。このザクースカと呼ばれる前菜は時に三〇種類以上の小品になる場合もあるが、ふつうは二、三種類のものですませている。

ロシア料理の献立は、前菜のザクースカに主力をおき、次にスープ、それから肉のアントレが一品程度で後段に入る。スープはもちろんボルシチが代表的なもので、家鴨とか牛の胸肉、塩豚、腸づめなどを賽の目に切り、甜菜（ビーツ）を千切りにして使ったコンソメで、別にサワークリームとソバでつくったカーシャとを持ち回るのが正式らしい。魚料理には軽くブリーニを添える。これはソバのカーシャでつくったパンケーキ状のもので、キャビアとサワークリームをつける。この時のブリーニは、私たちがちょっとした西洋料理のコースで小さなパンが横につくのと同じと考えればよいだろうか。ブリーニはヨーロッパに広がっていて、このあとでもたびたび出てくる。

そのほかに、魚の腹や鳥の内臓をくりぬいてその中にカーシャをつめる料理も多い。大ざっぱにいえば、私たちが鳥の内臓をくりぬいた中に米のピラフをつめて焼くようなものである。肉や魚の料理の横に単にマッシュポテトを飾るようにカーシャを使うこともある。日本のロシア料理解説書には「ソバ粉」でつくると書いているものがかなりあるが、どうも粉より挽き割りか、粒でつくる場合が多いと考えたほうがよさそうである。何人かの旧ソ連の人たちから聞いたところでは、粒か挽き割りのカーシャを食べるのはかなり頻繁で、粉を利用する人は二〇パーセント以下のように感じられた。だからだろうか、旧ソ連のソバに関する研究テーマには特許に関するものが多く、それはカーシャの製造についてである。なお、ウクライナではソバの花でお茶をつくるそうである。

先に挙げたカーシャのほかにも、ソバプリン、ソバカツレツ、パンケーキなどがある。ここで、カツレツと名づけているのは揚げ物のことである。

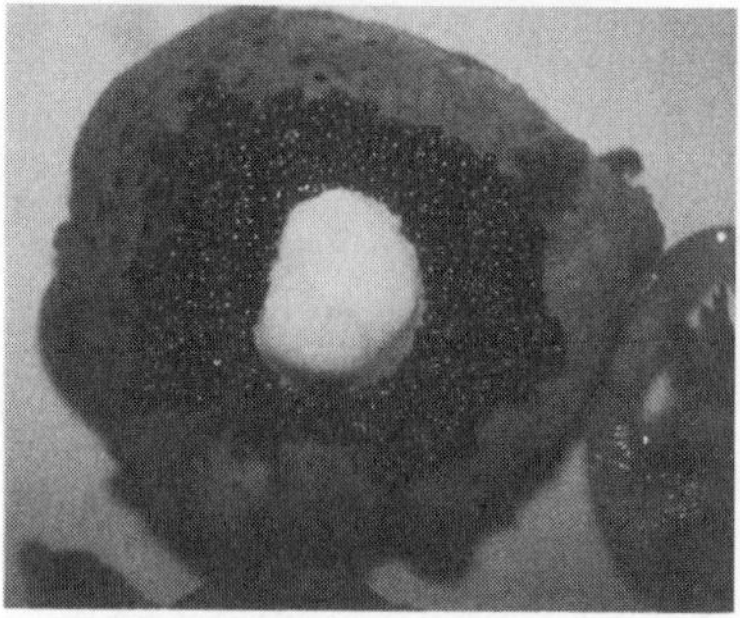
キャビアをたっぷり載せたロシアのブリーニ

キルギスタンのカーシャ

旧ソ連の南端の国、キルギスタン（ソ連時代はキルギス）にもソバのカーシャがある。キルギスタンではソバはピョートル一世（大帝）の時代にロシアからもたらさ

朝食のバイキングの中にあったキルギスタンのカーシャ

れたといい伝えられているようだが、キルギスタンがロシアの一部になったのは一九世紀の五〇年代から七〇年代であるから、多分最初は数少ない人びとによってもたらされたものだろう。一九世紀末にはロシア領となり多くのロシア人が移り住んだとされている。東部は中国の新疆ウイグル自治区と国境を接していて、この国はシルクロードにも位置している。ここにはコムギの麺があるが、これは中国から来たものと推定されている。

ソバのカーシャを食べるのはロシア人で、キルギス人など遊牧民族たちはコムギ粉のカーシャを食べるそうである。よく煮るとトロトロに溶けるから、コムギ粉を煮たものなのか、コムギの挽き割りなのか、製粉の程度ははっきりしない。いずれにしてもこのあたりはロシアやウクライナ地方より暖かく、コムギの原産地に近いから、水さえあればコムギのほうがよくできる。現在は灌漑施設がよく発達しているが、元はオアシスの周辺以外は砂漠あるいはサバンナ的だったから、かつてのロシアからの移民たちが乾燥に強いソバを栽培することに意味を見出したのか、故郷の懐かしさとしてソバのカーシャを大切にしたのかは、今の筆者にはわからない。

ポーランド

筆者が初めてワルシャワの空港に降り立ったのは一九八三年七月、戒厳令が解かれる少し前である。八〇年七月にグダンスクでワレサの指揮するストが始まってからちょうど三年、今から思うと、ヤルゼルスキ大統領の統治の前期にあたり、反対派の拘留、連帯の労働運動の非合法化などの最も厳しい措置がとられていた時期は終りにさしかかっていた頃だった。空港の警備はものものしく、ベニヤ板を張り巡らせて、一人ずつしか通れないようにして検査をやっていた。それでも手荷物検査をやる人もやられる人もおもしろがっている雰囲気は読み取れた。バッグを開けろというから、日本語で「そんなうるさいことをいうところはほかの国にはないのよ」と、ちょっとふくれ面で、半分笑いながらいったところ、相手もニヤリと笑って「オーケー」と、そのまま通してくれた。日本語が通じたわけでもあるまいに。私もお礼にウインクを返しておいた。

土曜の夜ともなればホテルのホールはダンスに興じる人たちであふれ、列車の中ではポーランド人特有の可愛らしい顔に軍服の若者たちがお酒を飲んで真っ赤になっていて、私も楽しくなってジロジロ見物した。

ポーランドのソバ研究者に初めて会ったのはそれより三年前、八〇年の九月、ワレサのストが始まって二ヵ月の時である。ワレサは負けるのではないかと心配し、国へ帰ったら家はなくなっているかもといいながら、それでも笑っている人たちを見て、いったいどういうつもりなのかと、あきれてしまったことを思い出していた。

二回目にシンポジウムでポーランドを訪れたのは一九八六年で、チェルノブイリ原発事故の直後である。シンポジウムの開催されたプーラビはワルシャワから南へ五〇キロあまりの小さな町だが、そこはチェルノブイリから近く、世界で最初に異変をキャッチしたのはこの研究所だとバスの中で教えてもらった。それを食べてはダメだよといわれて手を引いた店先に並ぶ真っ赤なトマトが今でも目に浮かぶ。

ポーランドの人たちの話を聞いていると、政治の混乱に巻き込まれることが日常茶飯事になってしまったかのようだ。だからこそ、それぞれの人が自分たちの文化を守り通そうとする堅い決意を持っているようにも思われる。

日常のソバカーシャ

最初のワルシャワは英語の通訳についてもらって三日ばかり街を散策した。自由市場には野菜や果物、木の実に混じって挽き割りソバが売られていた。白い生のカーシャも炒ったカーシャもあった。炒ったほうが値段が少し高いが、香りがよい。

こうして売られている調理材料も、調理したものもカーシャである。熱を加えずに皮をむいただけのもの、網に載せてトーストしたもの、フライパンで炒ったもの、オーブンで焼いたものなど、調理前のカーシャだけでも多様である。これらのカーシャに水と少量の塩と油を加えてゆっくり一五分くらい煮込むと水気がなくなる。

調理前のカーシャの種類によって煮込む時間や水分が多少異なるが、調理方法はほぼ同様で、水気のなくなったカーシャをさらにオーブンに入れて二〇分ばかり加熱する。その時にトマトとかマッシュルーム、肉類などを載せる。だから、トッピングの種類がいろいろだといえばわかりやすい。

ところが、このカーシャ自体の調理の「ほぼ同様」というのがくせ者で、何ともやっかいであり、未だによくわからない。カーシャの種類が異なれば加熱時間がちがうとか、油の量を変えるとかは一応理解できる。しかしどうもそれほど簡単な話ではなさそうである。

実は第一回のスロベニアでのシンポジウムの時にポーランドの人にカーシャのつくり方を教えてもらおうとした。少しわかりかけてきたところに彼の奥さんが来て、「あなた、宅でのつくり方はそうではないですよ」という話になった。なるほど奥さんのほうがたしかだと再度聞き直し始めたまではよかったが、まわりにいろいろの人たちが集まってきて、こうでもない、ああでもないといい始めたのだ。それも何ヵ国語が使われているのかわからないような状況で。私はお手上げになってポカーンとしていた。そして理解した。彼らの言葉がきわめて多様なように、カーシャは多様なのだと。いや、各家庭ごとにちがうほど伝統的な食べ方なのだろうと。考えてみれば、日本でも現在でこそご飯は炊飯器を使うからメーカーの差程度のちがいしかない。しかし、かつて薪でご飯を炊いていた頃のやり方を考えれば、そのむずかしさがちょっと理解できるような気もしてきた。

そのようなわけで、カーシャのつくり方が今でもわかったようなわからないような気分である。ただ、ロシア、ウクライナのほうが丸ごとの粒でつくる場合もかなりあるのに対して、ポーランドでは挽き割りが多いように感じられるが、これも正確なことはわからない。とにかく、料理の言葉はやっかいである。

ちょっと横道にそれるが、日本でも粥と雑炊、おじやの区別がはっきりわかる人がいるだろうか。白粥のことは粥で、白米だけの雑炊とは呼ばないのはよいとして、なぜ正月の「七草粥」を「七草雑炊」、「小豆粥」を「小豆雑炊」と呼ばないのだろうか。調理学専門の友人にたずねたら笑われた末に、粥はあとで塩を入れるが雑炊は米（あるいは飯）を入れる前に味つけしておくことで区別ができるとのことであった。

では、冷えた白米の飯を塩加減した熱湯に放り込んで煮たものは白雑炊なのかと聞きたくなる。「誰もそんなことをやらないだろう」との返事が返ってくるだろうが、そうとばかりは限らない。くやしくなったから百科事典で調べたところ、粥と雑炊の区別ははっきりしないと書いてあった。

日本人が日本語を使う場合でもなかなかややこしいのだから、ヨーロッパのような多数の民族がひしめいていて、多くの言語が入り交じって使われているようなところの食文化は、ますますもって混乱するのが当然だろう。

カーシャは「粥」か「ご飯」か

とにかく、カーシャの食べ方を説明する単語に出てくる英語やドイツ語の和訳には「粥」とか「雑炊」がよく出てくるが、それらはいずれも日本式に水気のたくさんあるものではなく、硬雑炊といえばよいのか、水気をうんと増やして炊いたご飯と考えればよいのではないかと思うのだ。ただし、オーブンでふやかすのであるから、「雑炊」より「おじや」に似ている日本では只今関西風の「おじや」は関東風に押され中であまり一般的ではないかもしれない。私はこれからカーシャを「ご飯」と名づけることにしよう。

このカーシャは単にご飯のかたまり、柔らかいおにぎりのようにして食べる場合、それにキノコ類を加える場合など、トッピングとか中に挟んで食べる方式であるから、おにぎりとみなしたほうがよさそうに感じられるが……。

ロシアのところで記したが、ブリーニはパンケーキの一種である。生地をフライパンで加熱するからパンケーキと呼ぶのだそうで、どうも私たちがケーキの言葉から連想するところのケーキ、つまり菓子を指すとは限らない。むしろ食事とか主食というべきか。ブリーニはスラブ系の言葉からきていて、今ではヨーロッパ全体に広がっているようだが、平焼きパンというほうが雰囲気は伝わりそうだ。焼きおにぎりをフライパンの上でつくると考えればよいような気もしてくる。

あとでフランスのところで紹介するように、フランスではこのブリーニをソバ粉でつくるが、ここポーランドではカーシャすなわち粒からつくる。ブリーニのトッピングにサワークリームとキャビアを載せるのはロシアのところで述べたが、あれは日本流ではサケの入った焼きおにぎりにあたるように思える。ただし、おにぎりは中に包み込む。ブリーニは上に載せるのである。

ふと気にかかったのだが、ブリーニのトッピングはオープンサンドのようなものである。オープンサンドが多いのはどちらかというと北欧の硬いパンに載せて食べるもので、柔らかいパンのオープンサンドはお目にかかったことがない。このちがいは何によるのだろう。

ここで、またふと気がついたことがある。日本に「オープンおにぎり」はないが、握り鮨がそれにあたるのではないだろうか。握り鮨の種は新鮮なものに限る。オープンサンドのトッピングも魚の燻製などが多いが、それでもサンドイッチの中身より新鮮さが漂う。いったいこれにはどのような背景があるのだろう。

ずいぶんソバから離れてきたが、実はこのオープンサンドのトッピングに用いる材料、握り鮨に用いる材料もその地で豊富にとれるものが用いられ、それが一番おいしいということと共通する話であろう。そして、ソバのブリーニのトッピングも同様にさまざまあって、おいしさの原理には新鮮であることが共通しているところでいいたかったまでである。

王妃様のカーシャ

ポーランドにはソバ好きが多い。カーシャはふつうはオオムギやエンバクでつくるが、命名日や宗教的な行事の日にはソバのカーシャで祝う。ソバのカーシャで最も伝統的でご馳走なのはクラコフカーシャ、別名王妃様のカーシャだそうである。この王妃様はポーランドの全盛期を誇ったヤギエウォ王朝のジグムンド二世の妃アンナ王妃である。

一六世紀中葉、ポーランドはビスワ川の流域に巨大な穀倉地帯を形成していた。ビスワ川はポーランドの中東部を大きく蛇行する源流から河口まで全長一〇〇〇キロの大河で、河口はワレサが旗揚げをしたかのグダンスクである。オランダ、イギリスの商人たちが穀物主としてライムギを買いつけ、それを西ヨーロッパへおろすと価格が二倍になるという時期であった。

グダンスクはポーランドの広大な後背地の自然な出口であり、海上運送と河川交易の合流点としてのまさに打ってつけの地理的条件を備えており、西欧の商人たちと地元ポーランドの商人たちで一六世紀後半以降のグダンスクはにぎわい、驚くべき繁栄を示したという。

ヤギエウォ王朝はクラコフに大学を設立し、学問や芸術に貢献した王朝として名高い。地動説のコペルニクスもビスワ川の流域のトルンで生まれ、クラコフ大学を修了して、イタリアに学び、帰国後聖職者となった人である。

しかし、クラコフは何分にも上流にすぎ、しかもポーランドの穀倉地帯は新大陸からのジャガイモやトウモロコシがヨーロッパへ伝播したことによってライムギの輸出元の地位がゆらぎ始めてきたこともあり、ワルシャワへ遷都したのであるが、アンナ王妃はクラコフ時代を懐かしんでこのカーシャを食べたのだとされている。もっとも、ヤギエウォ二世以降のポーランド王室は王妃の在世中（一五二三〜九六）も波瀾に富み、そのことがクラコフ時代を懐かしむ要因になったことはまちがいないだろう。

それはともかくとして、このクラコフカーシャというのは、ソバの挽き割り粉と卵でつくるカーシャにはちがいないのであり、卵の黄身を入れて溶き、オーブンで熱し、その上を白身で飾るという割合単純そうに見えるものである。しかしこの料理がなかなかうまくできないのだそうだ。

ちなみに、アンナ王妃の晩年は日本のそば切り誕生の頃である。

ポーランドのソバ料理

ここでポーランドのソバ料理をいくつか紹介しよう。

［カーシャのコロッケ］ カーシャに刻んだマッシュルームとタマネギを混ぜ、味つけをして動物性の油脂で炒める。生野菜に添えて食べるとこれもおつなもので、なかなかいける。

【プリン】日本でプリンというとすぐにカスタードプリンを思い浮かべるが、これはお菓子のプリンではない。ソーセージである。豚の内臓とカーシャを混ぜてソーセージをつくる。ネパールのところでも写真で紹介したように、ソバと動物の血とか内臓を混ぜてソーセージをつくることはヨーロッパ諸国でもおこなわれている。

【ポーランド風そばがき】これまで見てきたように、ポーランドではソバを粉にして調理することは比較的少ないが、これはその一つ。ソバ粉とコムギ粉を三対五程度に混ぜて、水で溶き、塩で味つけをして熱湯でゆでる。ゆで上がったら、皿に盛って動物油脂とカテージチーズをかけて食べる。

【ケーキ】ショートケーキのようないわゆるお菓子のケーキで、それに混ぜるのは粉である。

【ポーランド風水餃子】ピローグと呼んでいるのは元は餃子の皮に似たものであったり、それにふくらし粉を入れてふくらましたパン状のものらしいが、ふつうはコムギ粉でつくる。たくさんつくりおきすると便利なもので、ソバ粉でつくる場合も多い。カーシャに挽き肉を混ぜたものをその皮の中に包み込んでスープに入れたり、水餃子風に蒸して他の料理につけ合わせたりする。ポーランド人はキノコが大好きなので、カーシャと挽き肉にマッシュ

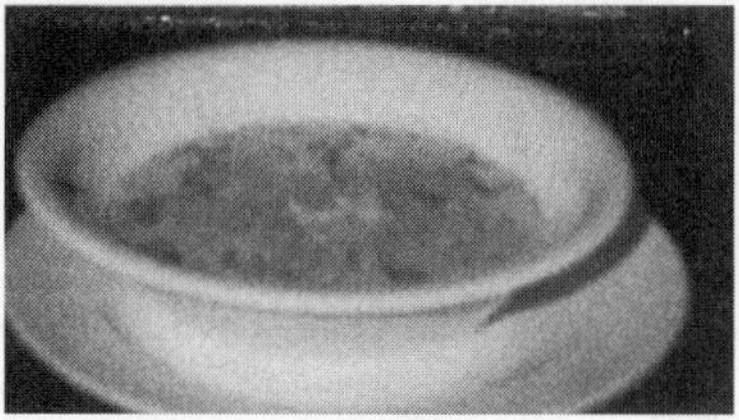

ソバの実入りクリームスープ

ルームの類を刻んで入れる場合が多い。ポーランド風水餃子とでもいえばよいのだろうか。バターやサワーミルク、豚肉の皮をカリカリに焼いて刻んだものをトッピングにするとなかなかいける。

ポーランド風の水餃子、ピローグ入りのスープ

などなどと、わかったふうに書いてきたが、実はロシア、ウクライナ、ポーランド周辺の餃子の類と揚げパンの類がいっこうにわからないのが正直なところである。似たようなものを一覧表にしてみたことがあるが、場所によって若干名前とか形がちがうのはよいとして、これは揚げるものではないといわれているのに揚げる場合もあるし、反対の場合もある。その点、日本では「そば」は細い切り麺を指すとはっきりしていてさすがだとお感じになるだろうか。いやいやそうではない。しかし当面は細い麺としておいて、次の国へ移ろう。

スロベニア

一九八〇年、旧ユーゴスラビアのリュブリアナ大学からソバのシンポジウムの招待状が舞い込んだ時、何とも奇異な感があったことを記憶している。

遅くとも中世末以降にはヨーロッパでかなり広くソバが栽培されていたことは知っていた。また、ソバの栽培や研究活動が最も盛んだったのは当時のソ連で、ロシア語の文献を読むのに四苦八苦していたことは事実である。また、それより数年前、ネパールのソバ畑に立って、このソバがパキスタン、アフガニスタンを経て黒海のどちら側を通ってヨーロッパへ行ったのだろうか、あるいは雲南からこの山脈の北側を通って行ったのだろうかとか、ヒマラヤを眺めながら考えていた日のことも鮮明に思い出した。

それにもかかわらず、ユーゴスラビアでのソバのシンポジウムは当時の私には不思議に感じられて、その遠い国に日本人にも劣らずソバ好きの人が住むとは予想すらできなかった。ましてて、その後の私の研究の展開の方向が予測できたわけではない。東欧のソバのあれこれにひかれて再三訪ね歩くことになろうなどとは思いも及ばなかった。

リュブリアナ大学のあるスロベニア共和国は旧ユーゴスラビア北端にあり、北をオーストリア、西をイタリアに接して、東欧から西欧へ首を突き出したような位置にある。長年、ユーゴスラビアの故チトー大統領の下でスロベニア語という独自の言葉を民族の結束の基として、独自の社会主義体制を築いてきた国で、ユーゴスラビアの中でもとくに工業化が進んでおり、個人所得、家族構成、電化製品の普及などから見ても西側諸国に似た国であった。私が訪れたのは、チトー大統領が亡くなって間もなくのことで、まだユーゴスラビア連邦の首都のベオグラードでは街角に故チトーに捧げるロウソクの火が灯されていた頃のことである。

リュブリアナはディナール・アルプスを望む小さくて静かな都市で、ひっそりとした街並みや村のたたずまいはどこか信州に似ていて、すぐに好きになってしまい、その後何度か訪れることになってしまった。

「ソバ村」は今

リュブリアナの西北、大まかにいえばイタリア国境のトリエステに近いといえばわかりやすいだろうか、そこにアイダスラニイがある。アイダはスロベニア語でソバのこと。さしずめソバの村というところだろう。ソバ畑に囲まれた寒村を思い描いて出かけてみたところ、いくつかの工場があり、軍隊の駐屯地にもなっていて、ひとかどの町であった。

しかし、屋根瓦の上に石を載せた農家のたたずまいは風の厳しさを思わせて、信州の伝統的な農家のつくりを思い出した。ちがいといえば、草原の向こうに浮かぶ教会の白い尖塔と、それに寄り添うレンガ色の屋根かもしれない。専門柄か、外国でも穀物の生育の良否は気にかかるが、草地の生産性を直観的に把握できない私は、緑と白とレンガ色の取り合わせをただロマンチックに感じてしまうだけだった。その牧草地を区切って小さい場合は二〇アールくらい、大きい場合は一ヘクタール以上のソバ畑がつくられていた。

アイダスラニイの村もその名に反して、ソバの栽培は減少の一途をたどってきたが、近年の需要の増大とそれにともなう高値により、栽培面積は増加しているそうであった。ちなみにスーパーマーケットでソバの値段を調べてみたところ、コムギ粉の約三倍であった。かつてゲルマン系領主の支配下にあった当時、領主に貢納するのはコムギであり、小作者であるスロベニア人はソバしか口にすることができなかった。それが今ではソバのほうが手に入りにくい。レストランでもソバを切らしてしまいましてという場面が何度かあった。

丘の上の立派な館を指して、あの人たちがコムギを食べたのだよと話してくれた人びとは、くやしそうな複雑な顔をしていた。

ソバパン

シンポジウムの時にもらったのがソバパンである。直径二〇センチばかりの巨大なアンパン状、真っ黒いパンである。いや別段黒いわけではなくて焦げ茶色が濃いだけなのだが。それをぽんと手の上に載せてもらったら、何とカボチャが載ったような重さではないか。その頃の私はまだ、パンといえば食パンかフランスパンくらいしか知らなかった。硬いパンは北欧やドイツ、スイスでも経験はあったが、何せレストランで食べる切ったパンだから、周囲の皮の硬さだけしか知らなかった。せいぜいが北欧のオープンサンドの硬さを知っている程度であったから、その重さと硬さと黒さにはまさに驚嘆した。硬いパンが好きになり、日本にいても硬いパンを探し回るようになるのはずいぶんあとになってからである。

パンをつくる時に、コムギ粉にソバ粉を混ぜると、少しずつふくらみ方が悪くなり、五〇パーセントを超えるとふくらまなくなる。ポーランドでも実験段階ではあるが製パン工場でソバパンを試作していたが、どうもうまくできないとのことであった。もちろんこのうまくできるできないは、現在のパンの基準から見たものであり、古くはソバはパンの重要な原料であった。コムギの生産量が増え、しかもコムギ栽培に適さないところでは輸入するようになってきたから、ますますソバはパンに適さないということになってきたのだろう。

スロベニアの伝統的な料理

スロベニアにはソバにまつわる民謡やことわざも多い。そしてソバ料理も多様である。その最も伝統的なものが「アイドバ・ジガンツィ」、訳して「スロベニア風そばがき」だ。『スロベニア語会話帳』の著者からこの訳語について相談を受けたことがある。適訳と思うがいかがだろうかと。アイダは先にも述べたようにソバ、ジガンツィは攪拌の意味である。

[アイドバ・ジガンツィ] 深鍋に水をはり、ぐらぐらと沸かす。沸騰した湯の上にソバ粉を三センチくらいの厚さで均等になるようにそっと載せる。その真ん中に穴を開けて、湯が噴き出す口をつくっておく。一五分ばかり静かにおいておく。その後、湯を適当に捨てて、ソ

バ粉と湯をかき混ぜると、一見まったくそばがきと同様のものができ上がる。それを熱したフライパンに入れ、羊とか山羊など動物の油脂を加え、再度攪拌してでき上がりである。沸騰している湯の上のソバ粉を絶対に動かさないのが大切なのだそうである。日本のそばがきは熱湯を入れたらいかに早くかき混ぜるかが勝負である。とはいえ、どちらも簡単な料理である。しかし、どちらもなかなかコツが要る。「お婆ちゃんのぬくもりを感じる料理」といわれているそうである。

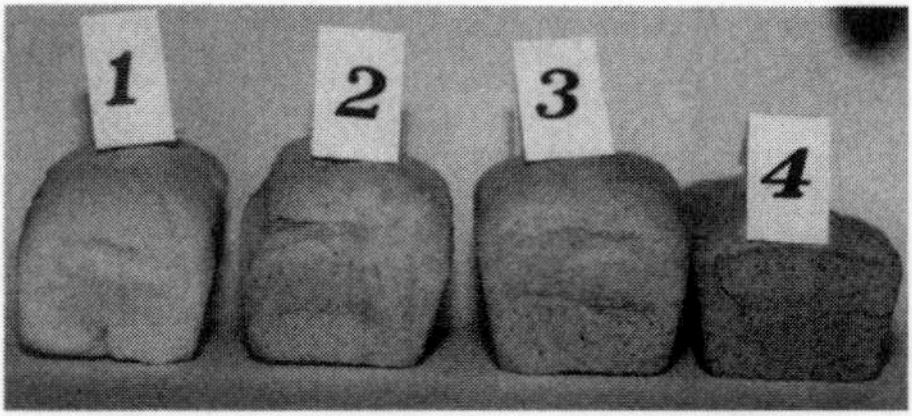

ソバ粉の混合率を50％に上げると右端のようにパンは膨らみ方が悪くなる。左端はソバ粉0％（スロベニア）

［ズレバンカ］　スロベニア北東部の、オーストリアとの国境の町ムルスカソボタに今も残る郷土料理で、天火やフライパンで焼く一種のパンケーキである。溶き卵と牛乳を混ぜ、その中にソバ粉と若干の塩を混ぜて溶いたバター状の生地をつくる。あとは天火に入れる板にバターを塗り、クレープのように薄くしてこんがりと焦げ茶色になるまで焼く。これにたっぷりの油で炒めたタマネギを入れるが、載せて焼く場合もある。焼ける時のソバの香りとタマネギの香りが混じり合った香ばしさは格別である。

［シュトクリー］　やはりパンケーキの一種であるが、クレープに似たソバ粉の薄い皮の上にカテージチーズをたっぷ

り載せ、ロール状に巻いて二、三センチずつに切って食べる。

スロベニア風のそばがき、アイドバ・ジガンツィ

多様なソバ料理――諸国の料理の集合場所

【ソバ団子】 これをスープの中に入れて食べる簡単な食べ方もある。「麵」にするのはあまりポピュラーではないようだが、アルプスの山麓の村のお婆さんが手打ち手切りの伝統的な方法を残していて、これはあとでイタリアのところで述べるピッツォケリオとほぼ同じものである。

【イタリア風のポレンタとピザ】 これもよくつくる。ポレンタはそばがき風の食べ方であるが、ソバ粉は粗挽きを使うところがちょっとちがう。イタリア風といえば何といってもピザであるが、なかなか豪華なピザもつくる。

スロベニアにはイタリアのほかにハンガリーやロシア、ポーランドと、いろいろの国から伝えられたソバ料理があるが、最近ではショートケーキの中にソバ粉を香りづけに入れる場合も増えているようである。ショートケーキといっても、日本のもののようではなく、とにかくデッカイケーキで、私などいつも、一個が三人分ではないかと見ただけで驚き、香りをゆっくり楽しむよりも先に目を回してしまう。

また、スロベニアではロシア、ウクライナ、ポーランドと同じく粒食のカーシャは伝統的な調理方法である。最初に食べたのはカーシャでつくったケーキで、カーシャにクルミ、卵、砂糖を混ぜ、カテージチーズ、クリーム、リンゴのスライスを層状に並べてオーブンで焼いたものである。第一回の国際シンポジウムのバンケットのためにクレフト博士が前日から格闘してつくったものだった。実はその味よりも、男の人がお客様のためにこんなことをするのかと、そのほうに感心してしまった。

カーシャはポーランドやウクライナ風に硬粥というかご飯のようにして食べる場合ももちろんある。さらに、ソーセージの増量材として使う場合も多い。「コムギはあの城に住んでいた領主が食べて、僕たちはソバを食べていたのだ」と、スロベニアの人が教えてくれた時は、ドイツ・オーストリア系の人たちが領主であったのだろうと簡単に考えて聞いていた。その後、スロベニアや旧ユーゴスラビア一帯の諸民族がたどってきた複雑な歴史を知るにつれ、私には先に述べたコ

スロベニアの伝統的ソバクレープ、アイドバ・ズレバンカ

パンののし棒を使ってスロベニア風そば切りをつくる

そば切りを切る

ムギを取り上げて領民にソバを食べさせていた領主が、どの国の人であったのかさえはっきりしなくなった。

しかし、そのようなことはスロベニアだけではなく、ヨーロッパの多くの農民が経験した歴史ではなかろうか。ジャガイモは戦争の時にも地面の下にあるからということがヨーロッパのジャガイモを重要な作物にしてきた理由の一つであると聞いたことがある。ソバが短期間で生育するメリットには日本とはちがう条件も含まれているのではないかとふと感じた。

つまり、江戸時代以降の日本では農地が戦乱で踏み荒らされることはなかったが、ヨーロッパは常にその危険にさらされて生きていた。生育の短いことと、そのどの時期にでも食べられるメリットは、危険を察知した時の対処が容易であったのではなかろうか。

いずれにしてもヨーロッパのソバは農民にとって大切な食用作物であったと、伝統の料理たちは語っているような気がしてきた。

「大切な食用作物であった」と、過去形で書いた。現在ヨーロッパの人びとはその古い日々を懐かしんで、ソバにこだわっているのだろうか。いや、そうではなくて、もっと差し迫った問題に直面しているのである。それについてはあとの章で述べたい。

スロベニア風そば切りと豆のスープ

家族とともにそば切りを食べる

ボスニア・ヘルツェゴビナのソバ

旧ユーゴスラビアでは、スロベニア以外にもクロアチ

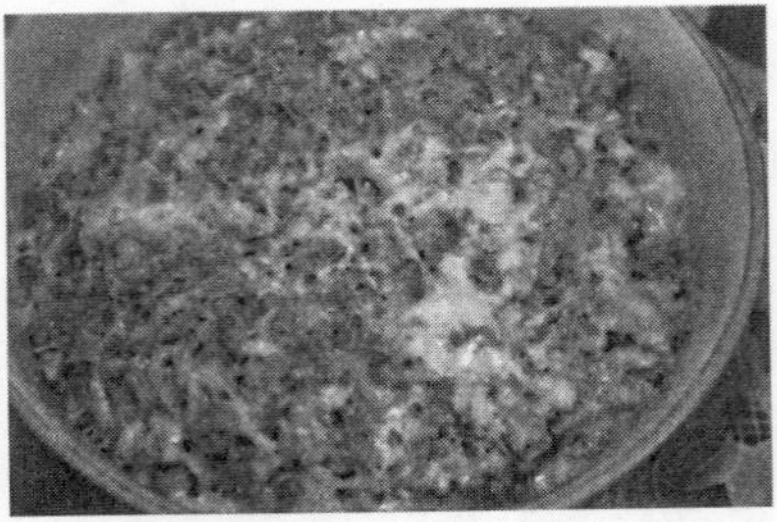
スロベニアのカーシャでつくったケーキ

カーシャのケーキをつくるクレフト博士

アイドバ・ジガンツィとカーシャのケーキでティータイムを楽しむクレフト博士（左端）の一家

ア、ボスニア・ヘルツェゴビナなどの国々でもソバが栽培されていた。第一回のシンポジウムでボスニアの人がダッタンソバの研究を報告したのが私には興味があるテーマだったので、くわしい話が聞きたいと思ったが、彼は英語ができないし、私もトチトチ英語である。次の機会にと思っていたら、機を逸してしまった。それから後のユーゴスラビア情勢は世界の記憶に新しい。

幸いにも私は一九八二年にとにかくボスニア・ヘルツェゴビナを少しだけ歩いた。サラエボからバスで数時間の村に一泊して、さらにそこからタクシーで二時間ばかりだったろうか。イスラムの人びとの住む村にソバの栽培が残っていると聞いて出かけた。フォーチャー（おいしい水）という集落である。行き先はホテルの人が告げてくれたからよかったものの、タクシーの運転手はまったく英語が通じない。行きちがう車もない山道を彼と私はだんまり通してひたすら進んだ。結果は……。山の斜面の牧草地とあちこちに散在する家と畑の

ボスニア・ヘルツェゴビナのイスラム教徒の村フォーチャー。ここには旧ユーゴスラビアで最も南のソバ畑がある

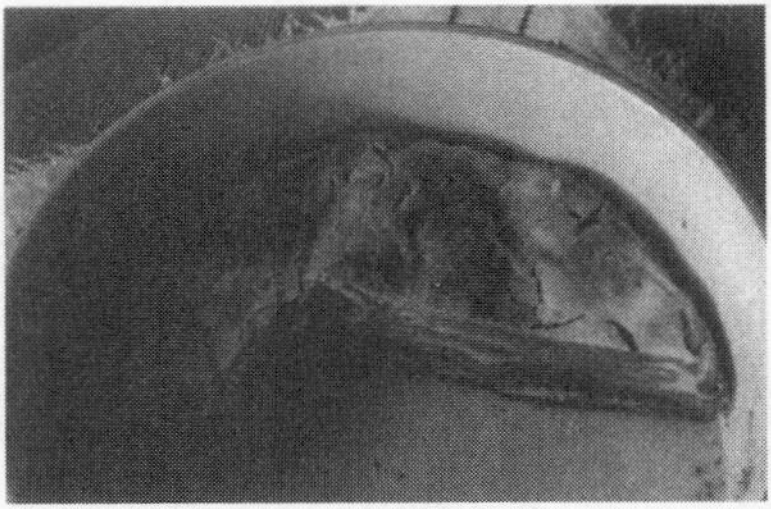

ボスニア・ヘルツェゴビナのフォーチャーやルーマニアのスラティナなどの地に見られる伝統的な料理タバンピタ

標高差に、挑戦することをあきらめた。車が私を放り出して帰ってしまうのではないかと心配になってしまったのだ。今だったらもっとたくさましく行動できるのにと思わないわけではない。しかし戦乱後の今は、もう二〇年前の村が残っていないかもしれない。

フランス

パリにソバクレープの店があると聞いて食べに出かけた。一九八二年の夏にヨーロッパのソバを探し回っていた時である。残念ながらパリではそのクレープの店を見つけ出せなかった。仕方がないからフランスの農業省の付属機関でソバの栽培面積の統計書から調べて、パリ周辺の県にもありそうだと見当をつけて車を走らせた。一年あまりパリに留学中のSさんの運転である。

Sさんも私が出かける前からソバの栽培について下調べをして下さっていて、山手のほうにあるらしいとのことであった。どこまで行っても山などない。「このあたりにありそうだから訪ねてみましょう」とSさんはいうが、「山にあるという話だったでしょう。山へ行きましょうよ」と私。「ここが山ですよ」「?」。

フランスは広大な平野の農業国である。山といっても日本の山とはちがうことを忘れていた。たずね回って二日間のドライブで、やっとピンクの花のソバ畑を見つけた。お爺ちゃんとお婆ちゃんが栽培しており、キジの餌として売るのだとのこと。三日ほどあとの新聞にキジの餌としてのソバ栽培の記事が載っていた。

ブルターニュのレンヌでやっとクレープの店を見つけて食べた。私がソバの研究をやっていると知って、ソバ粉一〇〇パーセントのクレープを焼いてくれた。ガレットも食べたがそれはコムギ粉が混ざっていて、何やらベタベタした感じがした。聞くところによると、ソバはコムギの三倍くらいの値段で、しかも特別の臼で挽いているから品薄で高価なのだそうだ。それでもブルターニュは今でもソバの栽培の多い地方だが、その話はあとにして、まず、ブルターニュのソバ料理をいくつかご紹介したい。

フランスのソバ畑。キジの餌として栽培されている

パンケーキのいろいろ

［クレープ］　コムギ粉に卵と牛乳を加えたなめらかな生地を、錦糸卵をつくる時のようにフライパンで薄く焼いて、ジャムやクリームを挟むような菓子の一種として私たちにはなじみが深い。しかし、ヨーロッパの

クレープは軽食用にハムや海老のクリーム煮などを包んだり、グラタンにしたりする。また、ソーセージをくるんだりするし、四つ折りのクレープもある。これをブルターニュではコムギ粉ではなくソバ粉でつくる。

クレープの語源は表面が縮み状になることからきたものともいわれている。いずれにしても、コムギの栽培ができなかったブルターニュではパン代わりの主食とされていた。その点では次のガレットのほうがより一般的であったらしい。二月二日の祝日（聖母お潔めの日）や謝肉祭の最後の日などにソバのクレープを焼いて祝う習慣が残っているそうである。

ソバ粉のクレープ

【ガレット】 いろいろあるが、まずその単純型はクレープより硬めの生地で分厚く焼くパンケーキである。フランス人にとってガレットは貧しさの象徴でもあったようだが、現在ではむしろおしゃれな食べ物になってきている。トッピングはいろいろで、つまりは「フランス風お好み焼き」といえばよいのだろう。上等になるとカニや帆立貝とかマッシュルームをおいて、チーズをどっさりかぶせるように載せて焼くようである。

【ブリーニ】ロシア、ポーランドから伝わったもので、フランスではソバ粉で焼くが、かなりの厚さがあり、ガレットの生地より硬めに溶いて、ガレットより厚く小さくして焼くパンケーキである。

生地の硬さとケーキの厚さ、大きさによって、ここに挙げたパンケーキ三種類のどれにあたるかは地方によってちがうらしいが、くわしいことはわからなかった。祭や来客のようなハレの時にはトッピングがぜいたくになるのは共通らしい。

【ペニエ】そば団子のコロッケといえばよいのだろうか。肉、魚、野菜、果物に揚げ衣をつけてたっぷりの油で揚げる場合に、その衣にソバ粉を使う。ヨーロッパの揚げ物は日本の天ぷらなどのように深い鍋にたっぷりと植物油を入れて揚げる習慣は少ないが、これには割合多くの油を使うようである。

ガレット

【ファール・ブルトン】ブルターニュ名物の厚いタルトの一種である。私はタルトといえば愛媛県松山市の名物タルトをすぐ思い浮かべてしまって困った。カステラの中にあんを渦巻き状に巻き込んだあのお菓子である。しかし、ここでいうタルトはパイの一種で、下には練り込みパイ生地を円形のタルト型に敷きつめてつくる。

ブルターニュは、それぞれに固有の伝統を持つとされているフランスの地方の中でも、とくに際立って個性の強い地方のようである。ケルト文化の伝統を色濃く残しており、ローマやゲルマンの支配に先立つケルト時代にフランス文化の基層を求めようとする人たちにとっては、心のふるさととしての象徴的役割があるとされているようである。しかし、ソバに関してはそれほど古い話は関係がないのかもしれない。フランス王国とブルターニュ公国の合併が一五三二年であるから、ちょうどその頃にソバの栽培が盛んになり始めたのではないだろうか。

スロベニアのK博士によると、今でもソバを大切にしている人たちは特殊な言語を使う人たちで、その例がブルターニュのブルトン語だという。彼によれば、スロベニア語で結ばれているスロベニア国はもちろんであるが、日本もその一例だそうである。ソバと言語の話をそのまま肯定するには筆者の知識はまだまだ不足であるが、輝かしい歴史と伝統を持ちながら、現在あまり豊かではなく、交通の便もよくないところにソバの栽培と食文化が大切に残されている傾向はたしかなように感じられる。

現在のブルターニュは地下資源やエネルギー資源を欠き、工業化が遅れて、フランスでも最も貧しい地方の一つになっているが、ケルトの昔まで遡らなくても中世のブルターニュ公国だった頃の文化水準や経済が誇るに足るものだったのを考えると、K博士の話も納得できるような気がしてきて、くわしいことをもっと本腰を入れて調べてみたくなってくる。

美食の国のソバ文化

ところで、日本人にはフランス料理はグルメの本家の感が強い。だからブルターニュのようなところは例外で、ほかはもっと豊かな農業生産と食生活をしてきたのではないだろうかと思える。フランスの美食が宮廷から外へ出て、当時成長しつつあったブルジョワジーの保護のもとにグルメ文化をつくり上げるようになるのはフランス革命後であるが、地方から流入した労働者にとって、白いパンは夢の食事であった。パリでオオムギ、ライムギそのほかの混ぜものが入らない白い純粋なコムギ粉のパンがかなりふつうに食べられるようになったのは一八三〇～四〇年以降のことらしい。その頃のパリの人口は八五万人で、パン屋の軒数は五六〇軒、ちなみに肉屋は三五五軒だったそうである。これは江戸期の末近く、一〇〇万人に四〇〇〇軒近い蕎麦屋があった時期にあたる。

その江戸と農村とでは食文化が異なっていたと容易に推測がつくし、くわしくは後述するが、フランスの農村はどうだったのだろうか。一八二〇年頃の農村地帯での調理方法は暖炉の中につり下げた万能鍋で煮るスープがふつうで、その内容は主に野菜であり、しかも調理は燃料節約から一度に大量につくられたようである。そして、ぜいたくをする日だけラードを加えたが、塩が旧制度時代から高かったのできわめて薄い味つけであったとされている。スープ以外には水か牛乳にトウモロコシや、ソバを粒のままかソバ粉を混ぜてつくるブイイと呼ばれるお粥（多分硬粥）が主体だった。

農村のこのような状況はさらに後まで続き、二〇世紀初めのニーベル県の視学官の報告書には「……冷肉一切れさえまれだった。あるのはほとんど常に、グラピオー、つまりおなじみのソバ粉のガレットだった。温かな時こそ口に入るが、いったん冷えたら、しつこくて消化の至って悪い代物だ……」と記されている。

都市と農村の食事を別の面から見てみよう。やはりフランスでも農村の食事に関する記載は少ないが、一八六七年のマルスリーヌ・ミショー著『農家の料理』によると、キャベツのスープのつくり方は「キャベツをネギやニンニクとともに水煮して、最後に少量のバターを加える」とだけある。それに対して、一八〇六年のA・ビアール『帝国料理』（一八七三年、『国民料理』に改題）では同じキャベツのスープは、「まずキャベツ二個を水煮して念入りに乾かす。ついでそのキャベツをベーコンで巻いた仔牛の薄切りの上におき、ニンジン、タマネギ、シャンピニヨンとともに煮る」となっている。材料の多様さと同時に手間のかけ方のちがいが大きいのはどこの国でも同じことと、あらためて感じる。

ミレーの作品「そばの収穫、夏」

ミレーの最晩年の絵に「そばの収穫、夏」があり、いかにも彼らしく写実的で、アースカラーの落ちついた雰囲気を漂わせている。未完成の作品で美術家が何と批評しているのかは知らないが、私の目には非常に興味深い。ソバの干し方、農具、作業手順やそれらに携わる人びとの表情など、どれを見てもそれぞれが語りかけてくるように感じられる。たとえばソバの干し方はミレーの故郷ノルマンディーの北端あたりの気象条件や、ソバ以外の作物の収穫期の条件を推測させる。農具はソバ以外の作物が何で、どのように使っていたかを、人びとの共同作業の様子は当時のフランスの農業労働のやり方をと、あまり文書で残っていないようなことまで伝えてくれる。この絵を実際に見たとき、写実の確かさと、彼の目の温かさに心打たれて、私は立ちつくしていた。

ブルターニュではソバの花が咲く時期には曇りや雨の日が多くて、昆虫の訪花が少なく、現在でも二人がロープを持って畑の端から端まで歩き、ソバの花たちをなでて、短花柱花と長花柱花の間の物理的な接触で受粉を助けてやるのだと聞いた。隣の半島ノルマンディーの先端、シェルブールに生まれたミレーは子どもの頃からソバの栽培を見ていただろうが、どのような気持ちでこのソバの収穫を描いたかを想像させてくれる。先に述べたソバのガレットはグルメのフランス料理と対比して、農村の悲惨さの象徴とされ、まずい食べ物として挙げられることが多いが、絵の中の人びとの表情はやはり収穫の喜びの顔である。

それはともかく、古い日の農村の生活を伝えてくれる記載はどこの国にも少ない。その意

ミレーの「そばの収穫、夏」。ボストン美術館蔵

味ではこのミレーの絵のようなものは非常に価値高く感じられる。といっても、私は別段歴史そのものに興味があるわけではない。現在の植物・作物としてのソバを知りたいと考えてミレーを眺めている。

ポトフはフランスの代表的な家庭料理であるが、その語源は「火の上の鍋」であり、ありあわせの野菜を放り込んでストーブにかけておき、硬くなったパンのかけらを入れて食べる万能鍋の料理だった。マコン地方で村の食生活に変化が起きたのは、一九世紀半ば以降のことらしく、この万能鍋が消えるのは一八五〇年から七〇年頃である。なお、このマコン地方と先の視学官の報告にあるニーベル県はフランスの中央部の山岳地帯の北側にあり、筆者の訪れた一九八〇年頃にもソバの栽培が残っていた地方である。また、万能鍋の伝統はノルマンディー地方ではさらに長く続き、第二次大戦直後まであったとのことである。マコン、ニーベルとノルマンディー、ブルターニュは地形がちがい、後者は海に面した平野の多いところである。農業生産性に関しては似たような状況にあるようだが、この話は割愛させていただこう。

イタリア

イタリアにソバの麺があるという話をご存じの方も多いのではないだろうか。一九九七年に朝日新聞（二月二三日付日曜版「地球食材の旅ソバ」）で紹介されてからすっかり有名になった。それより以前に石毛直道氏が『文化麺類学ことはじめ』に、切り麺がなぜイタリア北部に飛び地のごとく存在するかはきわめておもしろい現象だと記載されているのをお読みになった方も少なくないだろう。

北イタリアのアルプス南麓、スイスとの国境近いテグリオで食べさせてくれるピッツォケリオである。イタリアのパスタがマルコ・ポーロよりはるかに古くからあったとかなかったとか、ヨーロッパでもけっこう興味が持たれているらしいが、私はソバの栽培とか調理方法一般とかに興味があるので、ピッツォケリオを含めて、イタリアのソバがどのように食べられてきたのかを追っている。

ソバ料理のいろいろ

一九九五年の八月に信州大学で開催した第六回国際ソバシンポジウムにイタリアのBさんを誘ったところ、「十分な研究もしていないし、英語も苦手だから」と、煮えきらない返事が返ってきた。何回かそのようなやりとりを繰り返している間、イタリア男らしくないなあと、私はちょっと意外だった。そのイタリア男らしくないBさんの態度が不思議で、スロベニアのKさんに話したところ、アルプスに近いところにはいろいろの人が住んでいるのだよといって笑っていた。「ソバが好きなのはそのはにかみ族なのかしら」といったら、今度は大笑いをしていた。イタリア北部のそのあたりは国の支配者がよく変り、民族が入り交じっていて、スロベニア人もいるのだそうである。

Bさんとスロベニアのｋさんはオーストリアの研究者たちと組んで「ヨーロッパアルプスの南麓にソバの谷間をもう一度」の運動を展開している研究グループの中心メンバーなのだ。農家の若者たちもそれぞれの村でその運動を始めている。だから、ソバの収量が現在の農業経営の中でも引き合うものでなければパッとした研究といえないのだという。

ところで、このイタリア北部を一九二二年（大正一一）の八月に柳田国男が歩いている。残念ながらくわしい日記は空襲で焼失したとのことであるが、現在ソバの切り麺を食べさせるあたりで柳田がソバを見たとのごく短い記録が残されているのだ。彼は一九二三年にも二度のイタリア旅行をしているから、くわしい記録が残っておれば、農政学者であり、すでに民俗学への興味を持っていた彼が見た当時のそのあたりのソバ栽培が知りえたのにと、残念に感じられる。

ここで、イタリアのソバ料理のレシピをいくつか紹介しよう。

【ピッツォケリオ】 ソバ粉四〇〇グラム、コムギ粉一〇〇グラム、塩少々、ぬるま湯二〇〇ccをボウルに入れて混ぜ合わせ、台に移して打ち粉をしながらこねる。約二ミリの厚さにのばして、幅五、六センチの帯状に切り、それを二、三枚合わせて一・五センチくらいの細い麺に切る。

具は、ホウレンソウやジャガイモ、ニンジン、インゲンマメなどを適当にざく切りにし、先のピッツォケリオとともにゆでて皿に盛り、北イタリア特産のカゼーラチーズを一センチ角に切ったものを載せ、パルメザンチーズをふりかけて、さらにフライパンでバター炒めしたニンニク、セージをかける。

日本人の感覚からすると、このソバの麺もチーズやバター、ニンニクの香りでソバの香りがよくわからないような気になるが、他のソバ料理と同様に、ヨーロッパの人たちはこうした香りの混じり合った中からソバの匂いを感じるのだそうである。

【ポレンタ（イタリア風そばがき）】 日本の鍋がきに似ていて、底の平たい大鍋に湯を沸かし、そこに塩とソバ粉をふりかけるようにして混ぜる。一度だけかき回し、あとは一〇分間ほどふたをして柔らかくなるまで煮る。その後、ふたをとり、木のへらでかき回しながら粘りが出るまで弱火で調理する。でき上がったら、少し熱をさましてから大皿に盛る。

食べ方には若干のルールがあるようで、大皿に盛り上げたポレンタの真ん中をスプーンですくい、そこに溶かしバターをそそぎ込む。皿のまわりに集まった家族は、それぞれ手にスプーンを持ち真ん中の方向へ向かって食べていくのが本式のポレンタの食べ方なのだそうである。また、ベーコンとポテトチップスを真ん中に盛って食べることもある。ベーコンの脂が少しずつ溶け、ポレンタに移るのがなかなかよい。好みによってメープルシロップなどをかけて食べる場合もある。また、ミルクや蜂蜜などをかけたポリッジ風の食べ方もできる。

ポレンタ（イタリア語で貧民粥の意味）と呼ばれるこの料理は、さっぱりした味で「朝食にぴったり」である。鍋にソバ粉を入れて熱湯でこねるこの調理方法はまさに「そばがき」「鍋がき」である。新大陸原産のトウモロコシがイタリアにもたらされる以前は、ポレンタはコムギ粉や雑穀（キビ、アワなど）でつくられていた。その後、ポレンタは一般的にはトウモロコシの粉でつくるようになり、トウモロコシくらいしかできない貧しい土地の人という蔑称「ポレンティーノ」という言葉もあったそうである。しかし、今ではポレンタは一種のグルメになってきているという。もちろん栽培の少なくなったソバのポレンタはさらに高級な食べ物に変身中なのだろう。

【シャット（カエルの意味）】 ソバ粉に重曹と塩を少し混ぜて水で練り、最後にグラッパと呼ばれるワインの絞り滓を蒸留してつくった焼酎を少し混ぜて一時間ばかり寝かせてなじませる。土地産のチーズを小さな角切りにして生地に混ぜ、スプーンですくって油で焼き上げる。熱いうちに食べるとチーズのとろりとした風味がおいしい。

カエルとは何やらパッとしない名前のようだが、そう感じるのは日本的なのかもしれない。北イタリアに近いスロベニアの西北部での話であるが、有名な郷土料理にカエルの丸揚げがある。お皿の上にデンとお腹を上にして両手両足を広げたカエルは何ともグロテスクである。日本でも食用蛙は食べるが、その姿はわからない。しかし考えてみれば、目刺しなどという気持ちの悪いものが朝からお皿に載っているのかと思う外国人もいるかもしれない。とにかく、そのカエルの丸揚げはとってもおいしかった。

話はそれたが、そのソバの「カエル」はカツレツの系統といえばよいのだろうか、それともコロッケといえばよいのだろうか。フランス風にはペニエの系統になるのだろうか。北イタリアはチーズの種類の多いところで、料理にチーズを使うのはイタリアが一番多いともいわれている。

【ニョッキ】 イタリア風の団子で、各地にさまざまなニョッキの伝統がある。皮はジャガイモとコムギ粉、カボチャとコムギ粉、パン粉とコムギ粉などなど。北イタリアではソバ粉をよく使う。それらの団子の皮の中に果物とか豆とかタマネギとか挽き肉とか、さまざまなあんを入れる。これをゆでて食べ、かけるソースがまたさまざまと、イタリアのきわめて庶民的な食べ物だそうである。

ピザはパスタとともにイタリアの食べ物のうちで私たちに最もなじみの深いものである。このピザの台にソバ粉を用いる場合があるのは、スロベニアのところでも述べたとおりである。

ところで、なぜ北イタリアだけにソバの料理があるのかという疑問が出るかもしれない。ここに挙げたソバ料理の基本形はイタリアのほかの地でもほとんど同じであって、それらはソバ以外の材料でつくるのである。たしかに、B氏たちの実験では標高の低いミラノではほとんど稔らない。しかし、日本の九州や四国の高知と同様に秋遅く播けばよいではないかと考えられる。問題は別のところにある。冬はパンコムギ、パスタ用のデュラムコムギ、冬オオムギが栽培されていて、同じ畑作のソバが入る余地がない。だから、理由は南ではソバを栽培しないからの一言につきるが、なぜ栽培しないのか、できないのかなど、そのあたりのことについては割愛させていただこう。

一方、逆の話というか、ちょっと不思議な話があって、北イタリアではソバのリゾットはつくらない。リソは米。リゾットはイタリア風米の雑炊で、もっぱら米でつくる。だから、カーシャやポリッジのようなソバの粒でつくる伝統はない。ところが、このリゾットがイタリアより北のスイスや東欧南部のスロベニアなどへ伝わり、そのあたりではリゾットにソバの粒、つまりカーシャ風にして、イタリア風味つけで食べることがあるのだそうだ。

旅の終りに

とりあえずここで世界の旅は終らせていただこう。

まだアメリカとカナダという大きな国が残っている。その国々へはヨーロッパから移民した人びとがふるさとから種も料理も伝統も持っていった。しかも、アメリカ語のソバには「まぶだち」の意味までつけ加えた。そして、今もイヌや猫のペットたちに「ソバ」の愛称が少なくない。

ソバでつくったピザ

初代大統領ワシントンは、大統領と呼ばれるより、農夫と呼ばれるほうが嬉しいといい、タバコなどの換金作物の栽培で急速に疲弊してきた土壌をよみがえらせるために輪作を試み、それにソバを組み込んでいる。

アメリカとカナダのソバはヨーロッパからの移民によってもたらされたものである。彼らがソバの種とともにふるさとの伝統も持って海を渡ったためだろうか、ヨーロッパのソバ料理の伝統が色濃く残っている。

ある意味ではきわめて無責任になるかもしれないが、私が書いたことをそのまま記憶するようなことはしないでおいていただきたい。これは筆者が見て聞いた事例の報告にすぎない。それぞれのところにそれぞれの料理とその定義があり、似ているようで似ていないのが、料理というものだろう。だからこそつくるのも食べるのもおもしろくて楽しいのではないだろうか。

第四章　ソバの栄養と健康

かつては農作業の忙しい日々には残り物の鍋にソバ粉を入れてかき混ぜるだけの徹底的な手抜き料理をして生きてきた。それは日本でもヨーロッパの国々でもほとんど同じであることは前章までに示したとおりである。飢饉の日々は未熟の種実を「めくそ飯」と呼んで命をつないできた。ゆとりのある日に手間をかけてつくった料理の「そば切り」が発展したのが、今の細い白い「そば」につながる。命をつなぐために食べたソバ料理の数々を、現代の科学の言葉で解釈したらどういうことになるのだろうか。

ソバ粉の予備知識

現在、食品は次の三つの機能に分けて考えられている。食品の栄養素による生命維持の機能（一次機能）、食品成分が生体感覚に訴える機能、たとえば味覚（二次機能）、さらに体調節をおこなう機能（三次機能）である。この三次機能は生体防御、体調リズムの調節、疾病予防と回復のようなことに対する食品の働きの問題であり、たとえばダイズ食品や、食物

図表4　ソバの実の断面図

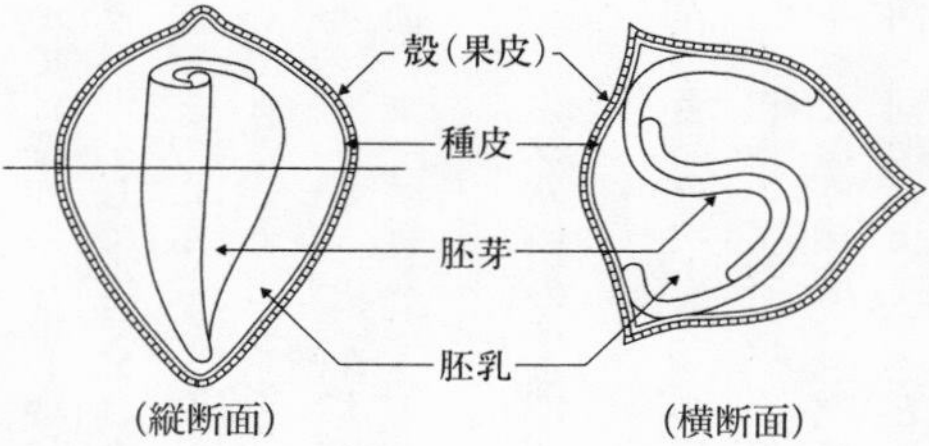

繊維の血中コレステロール濃度低下作用はその典型であろう。なお、こうしたことを述べるにあたっての基礎知識として、ソバの種実がどういう構造をしているか、ソバ粉とはどんなものかを先に記しておきたい。

ソバの種実の形態と成分

ソバの種実の形は三稜形で、黒褐色の硬い厚いなめらかな果皮（ソバ殻）の中に、薄緑色の種皮に包まれた胚と胚乳の部分で構成されており、ソバ粉の製粉は果皮を取り除く操作と、種皮に包まれた胚乳部を製粉・ふるい分けする操作とから成っている。果皮と種皮は離れやすく、種皮と胚乳部分は離れにくい。

殻のついたままのソバの実を玄ソバと呼んでいるが、これは元は業者用語であり、最近一般化されてきたように思う。

玄米と玄ソバは言葉は似ているが、玄米は籾殻を取り除いたものであり、玄ソバはソバ殻のついたものである。といえばいかにも米の場合とソバではちがうようにも感じられるが、米の籾殻は果皮ではなくて、穎《えい》（外穎と内穎が癒合）で、玄米の外側は果皮と種皮がくっついてできた薄い膜に覆われているのだから、玄米も玄ソバも植物学的には同じ名前のつけ方なのかもしれない。どちらについても筆者は語源を知らないから、何ともいえないのだが……。

ソバ粉の挽き方と種類

石臼で挽く場合には、最初に石と石の間を少し空けて荒挽きをして、篩《ふるい》で分けて果皮を取り除き、残ったものをさらに挽き、さらに篩で分けることを繰り返す。

工業的には果皮をとるのは衝撃、あるいはゴム製の平面ロールを使ってなるべくソバの実の形を崩さないようにおこなわれる。殻をとったところでできるのがソバ米あるいはカーシャである。挽きぐるみともいわれている。

ソバの胚乳部は粉状質で柔らかく容易に粉砕することができるが、胚芽、種皮、殻の順に粉砕されにくくなる。だから、果皮を取り除いたものを軽く荒挽きしてふるい分けした最初にできる粉では胚乳の中心部が主。色は白く、デンプン質が主で、風味はないが、ほのかな甘みが特徴で、これを内層粉とか一番粉と呼んでいる。一番粉をとった残りをさらに挽いてできるものが中層粉とか二番粉と名づけられていて、胚乳と胚（子葉）を含み、栄養素や香味成分に富み、新しいソバでは淡緑色である。一、二番粉の残りをさらに挽いたものは胚の残りと種皮を含む表層粉あるいは三番粉で、ソバ本来の香味や色調を持ち、機能性成分も高いが、食感は劣る。

コムギ製粉では、胚乳部をいかに純粋に効率的に取り分けるかが問題で、製粉方法はどこの工場でも共通した装置・方法でおこなっている。しかし、ソバ製粉の場合には胚乳部に、胚芽、種皮の部分、あるいは殻の一部までどのように配合するかで、その比率によってソバ粉の風味、色が決まってくる。したがって、石臼で挽く場合はもちろん、工業的な製粉でも業者間でそれぞれにちがいが出てくる。

ソバ粉の一次機能——栄養など

タンパク質・アミノ酸

ソバ粉のタンパク質の量は一〇パーセント前後で、内層粉、中層粉、表層粉となるにしたがって多くなる。内層粉を除けば、その量はコムギ粉や精白米よりも多く、玄米よりも多い。ソバのタンパク質のアミノ酸組成の最大の特徴はコムギや米のタンパク質に比べてリジン含量がきわめて高いことである。リジンは米、コムギなどのイネ科の穀物には共通して少なく、それらにソバを混ぜると、双方の必須アミノ酸のバランスがよくなって、タンパク質の価値が向上する。

これは専門的にはタンパク価あるいはアミノ酸価といわれているが、卵を一〇〇とすれば、ソバ粉で七四、コムギ粉で五五、組み合わせによってその値は上昇する。くわしい話は除くが、ソバ粉が八割を超えるとアミノ酸価は上昇し、コムギ粉による舌触りのよさから、二八そばはきわめて合理的な配合なのだそうである。

なお、最近ではソバの三次機能については後述するようにルチンをはじめフラボノイド関連の成分のほうが研究対象として力を入れられているが、かつてはアミノ酸などの生体機能調節の研究も盛んにおこなわれていて、リジンには高血圧や脳卒中発症の予防効果があるとの研究もおこなわれていた。

食物繊維とビタミン類、ミネラル

ソバ粉には食物繊維が五パーセントもあり、白米の約二・五倍である。その構成成分の主なものはヘミセルロースで、便秘や毒性抑制、体内コレステロール量の増加抑制の効果があるとされているが、ソバの食物繊維についてはまだ研究は必ずしも多くはない。

ビタミンB_1は精白米の飯に比べてゆでそばで約二倍含まれている。二番粉すなわち中層粉で最も多く、粉の種類によって含量は異なるが、とにかく、ソバ粉を湯で練ってそばがきで食べれば、粉一〇〇グラムで成人一日あたりの必要量の約四割をまかなえるとされている。

江戸時代にそば切りが庶民の間にはやり始めた当時、江戸っ子の食べるものではなく、田舎からの出稼ぎ人が食べるものだといわれていた。それが江戸っ子にもてはやされるようになってきたのは、そば切りが「江戸患い（脚気）」に効くとわかり始めてからともされている。前述したように一八世紀中頃から江戸では白米を食べるようになり、その結果として脚気人口が急増し、多くの死者を出した。田舎出の下層庶民たちが屋台のそばを食べて働き、脚気にかからないのを見ながら、町民たちはそばを食べることを覚えたのではないかとの見方である。

ミネラルは中層粉、表層粉に多く存在しており、カリウム、マグネシウム、リン、鉄分が多い。カリウム、マグネシウムはダイズや他の二、三の豆類に多量に含まれているが、ソバにも多く、穀類としては特異的である。鉄分は他の穀類よりはるかに多く、ダイズの二倍に相当する。

ソバ粉の二次機能――味覚など

ソバ粉は食品材料ではあるが食品ではない。加工調理されてはじめてその味や舌触り、歯ごたえ、「こし」といわれるものとかが生まれて食欲をそそり、それが食品の二次機能と名づけられているものである。だから同じ一〇〇パーセントのソバ粉でつくっても、麺のそばかそばがきかでは好ましい舌触りも喉を通るときの触感もまるでちがう。強いていえば、香りは似ているかもしれない。

二次機能、つまり人間の食欲に最も関係の深い性質についての科学的研究は一次機能や三次機能に比較してほとんどおこなわれていないのが現状である。このように述べると意外なこととお感じになるだろうか。たしかにお蕎麦屋さんたちは毎日粉の顔を見ながら水加減、こね方、切り方、ゆで方、盛り方にいたるまで細心の注意を払って美味いそばをつくっている。どこの食べ物屋でも、食品会社でも美味いものをつくるのにしのぎをけずっている。それがまさに二次機能であるから、研究が進んでいないとはゆめゆめいえないことである。ただ、それらは一次機能や三次機能のように、現在の科学の言葉で表現できるほど簡単なものではないとでもしておこうか。

ソバ粉の三次機能——健康とのかかわり

ソバの三次機能が問題にされる理由は、生命維持に直接関係する成分の摂取が不足しない段階に達した時代になったからなのかもしれないし、三次機能の研究は一次に比べ遅れていたからかもしれない。

機能性調査の方法

機能性の研究には三つの段階がある。まずその対象とする化学物質の含量の分析、次にラ

図表5　ソバ殻に含まれる抗酸化成分（渡辺）

ルチン	HIV-RT阻害　血管強化　鎮痛作用　抗酸化　リポキシゲナーゼ阻害　鎮痙作用　アルドース還元酵素阻害　抗中風　抗皮膚炎　抗白内障　抗糖尿　抗浮腫　抗紅斑　抗血尿症　抗ヒスタミン　抗炎症　抗腎炎　抗紫斑症状　抗血栓　抗ウイルス　cAMP阻害
ヒペリン	抗炎症　抗酸化　咳の発生防止　利尿作用　肝臓の保護　殺ウイルス
ケルセチン	抗酸化　HIV-RT阻害　抗腫瘍　リポキシゲナーゼ阻害　アルドース還元酵素阻害　抗アレルギー　抗アナフィラキシー　抗白内障　抗胃炎　抗ヒスタミン　抗炎症　キサンチンオキシナーゼ阻害　抗肝臓毒　抗ヘルペス　血管拡張作用
イソビテキシン	抗酸化　抗腫瘍
ビテキシン	抗不整脈　抗皮膚炎　抗ヒスタミン　抗炎症　cAMP阻害　ホスホジエステラーゼ阻害　癌の予防　血圧降下
プロトカテキュ酸	抗不整脈　抗喘息　咳の発生防止　殺菌　抗ヘルペス　殺ウイルス
プロトカテキュアルデヒド	静菌

ットなどの動物を使ってたしかめる実験、さらに人間にとって本当に効果があるかどうかの確認である。ここにこうして三段階があって初めてその機能性の有無が云々できるのだと書けば、簡単になるほど当然の話であるとお感じになるだろう。

しかし、新聞やテレビ、そのほかから入ってくる情報を見る時、それがどの段階であるかを常に確認しているだろうか。本当は第三の段階が最も重要なものであるにもかかわらず、第二の動物実験で明らかになったところでいかにもそのような機能性があると感じてしまうのが最近の傾向ではないだろうか。下記にソバの機能性に関する事項をいくつか挙げるので、上述の意味から見てそれらをどう考えればよいか考えていただきたい。

ソバの三次機能については、このような言葉が用いられるはるか以前から知られているものので、ソバの薬効に関しても古くから知られていた。日本では「江戸患い」と呼ばれ、江戸時代の中頃から白米食の習慣が普及したために流行り始めた脚気に効くというので珍重されていた。それが江戸のソバ人気の一因ともなったのだろうということは先にも述べた。

ちょっと余談になるが、脚気の原因が突き止められ、それに対する対策がとられるようになる大正時代頃までは、脚気は国内全域に多発し、毎年二五万人以上もの死者を出したとされている。昭和になってビタミンB_1と脚気の関係が知れわたるようになり、胚芽米や豆類、緑色野菜、海草、牛乳、卵、鶏肉、レバー、魚介類などを豊富にとる食生活に変ってきたため、脚気はほとんど見られなくなった。

しかし、一九七三年以降、高校生を中心に脚気と考えられる症例が多発してきた。理由は白米食にもよるが、即席食品、加工食品、保存食品の増加、清涼飲料水、菓子類からの糖類の多量摂取、偏食によるビタミンB_1摂取量不足が挙げられるようである。江戸の豊かさと、昭和・平成の豊かさがソバのヘルシーさを必要とするとは、何とも皮肉な話ではないか。

ルチン

最も早くから注目を浴びているのは、かつてはビタミンPと呼ばれていて、現在ルチンと名づけられているフラボノイドに属する色素成分である。フラボノイドは高等植物の無色から黄色を示す主要な色素群で、その作用は、ごく簡単に説明すると、毛細血管の膜に弾力性と厚みを持たせるのに働くとでもいえばよいのだろうか。その結果としてソバは血圧を下げ脳溢血や循環器系の疾患を予防する作用がある。これは間接的な影響とみてもよいだろう。

直接的に血圧を下げる作用も研究されていて、アンジオテンシン2が血圧を上げ、フラギニンが下げる作用があり、この二つの物質のバランスによって血圧が保たれるが、ルチンはアンジオテンシン2の働きを弱めるとの結果が出ている。しかし、まだ確定したものというより、メカニズムに関する一つの説とみなしたほうがよいのではないかともいわれている。

これまでは、ソバでは主にルチンの効能を期待した研究が多かったが、抗酸化能という視点からの機能性成分を見れば、カテキンやプロアントシアニジンも同時に摂取していることでソバの効用が裏づけられてきている。なお、ルチン含量は表層粉ほど多い。

また、ルチンはそばをゆでる過程で若干ながら溶出し、カテキンも同様に失われ、実験の結果から見れば、そば湯を飲めばよいともいいがたい。むしろ、そばがきが最も簡単で確実な摂取法かもしれない。

ソバ殻の機能性物質

最近では玄ソバから殻をとった「ぬき」とか「ソバ米」とかいう状態（正確にいえば若干

ちがうのだが）から製粉が始まるが、かつての農村で石臼で挽いていた場合は、殻の混じり具合はその時によってちがった。つまり、来客のときや節季などのハレの日の細いそば切りと、日常のどじょうそば的なものでは殻の混じり具合はちがう。その殻から単離された機能性成分に関する研究も最近始められている。

植物が種子をつくる目的は、生長に不適当な環境に耐えて遺伝子を残す手段であると考えれば、そしてその種子のうちさらに環境ストレスに耐えて生き延びたものだけが残るとすれば……。進化論の本質に迫る話になるからここでは避けよう。とにかく、種子が外界から身を守る手段が種子の外側ほど大きいのは当然だろう。こうした最近の科学で少しずつ明らかにされつつあることを、かつての人びとは飢餓の中で当たり前にやっていた。現在、急速に機能性物質の研究が始まっているのは何を意味するのだろうか。一つには健康に対する意識の高まりだろうし、また一方では企業化の可能性が求められているからかもしれない。

開花時期のルチン

ルチンの作用メカニズムの話はさておくとして、ルチンの含量やルチンを多く含むダッタンソバを使った食品に関する研究はかなりおこなわれている。ルチンの含量であるが、普通ソバでもダッタンソバでも生育段階によって変化し、最大は開花期で、若い葉に多く含まれている。茎の基部には少なくて茎の頂部に多い。最近ではソバもやしの効用が認められ、

図表6　ソバに含まれるポリフェノールとルチン

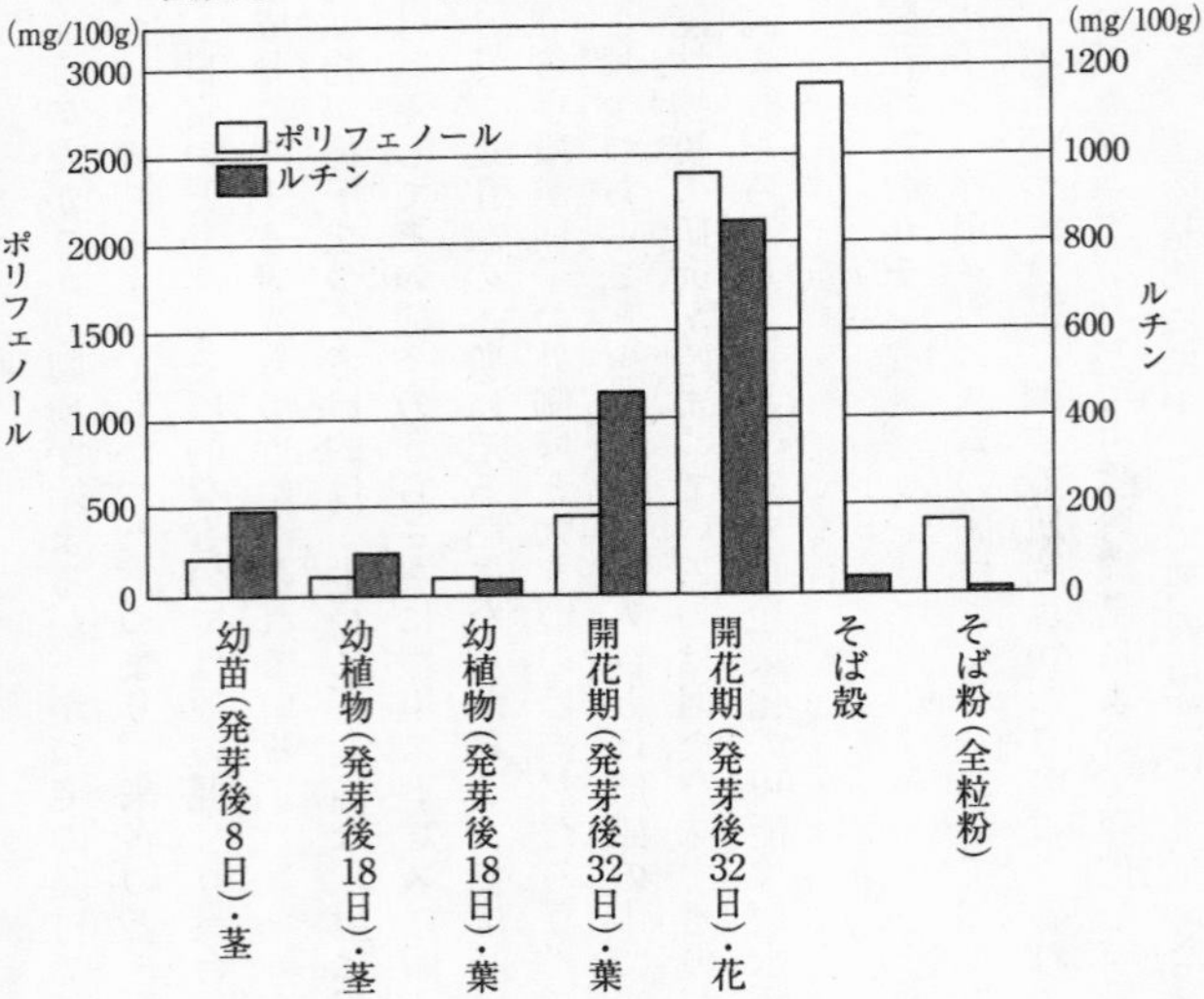

図表7　普通ソバとダッタンソバのルチン含量

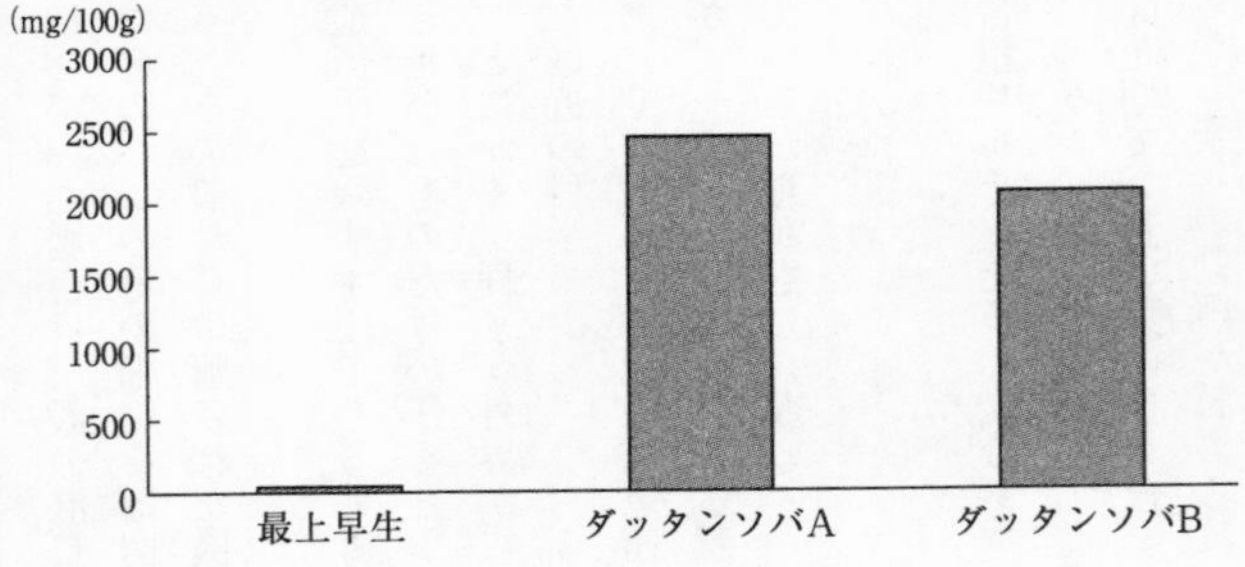

時々市販されているが、図表6からも明らかなように、開花時期に機能性物質が最も高濃度に含まれている。

ダッタンソバの栄養と食品開発

ダッタンソバは中国が世界の主要産地であり、南西部および北西部の山岳地帯で栽培されている。栄養に富み、中でもタンパク質含量は他の穀物に比べて高く（一一・六パーセント）、その必須アミノ酸組成もよく、リジン含量が高い。脂肪含量が三・九パーセントでトウモロコシを除く他の穀物中で高い部類にあり、オレイン酸とリノール酸が全脂肪酸の八〇パーセントを占める。多くのビタミンのほかにとくにルチンが多く含まれている（二・〇二パーセント）。また、ダッタンソバは一〇種以上のミネラルを含み、カリウム・マグネシウム・亜鉛が他の穀物より多い。沸騰した水中でニガソバ粉から抽出したものは腫瘍増殖を抑制する効果がある。

このようにダッタンソバは種々の栄養成分に富んでおり、健康食品の素材として有用である。たとえばダッタンソバマカロニは子どもの知能発達や成長にも良好である。メイカングズ（Meikangzhu）やルリバオ（Lulibao）も最近開発されたニガソバからの健康食品で、血中の脂質・糖・コレステロール濃度を下げ、高血圧・糖尿病・動脈硬化の予防や治療を可能にするとしている。

中国・蘭川の露天で売られていたニガソバの乾麵。袋には健康食品と記されている

具体的な食品開発の事例の一つに「健康ビスケット」と名づけているものがあり、ダッタンソバとコムギ粉を用いて健康ビスケットをつくる際の、ダッタンソバ粉の配合割合、配合方法、ビスケット生産の工場技術について研究している。その結果、ダッタンソバはベーキング特性に乏しく、そのためにクリスプビスケットやゴマクラッカーのような油や砂糖に富んだ食品にのみ向いていることがわかった。一方、ダッタンソバの製品への配合割合については二〇パーセント以下にすべきであるという結論のようである。

そのほかにも、東洋文化を構成する中国の伝統食品中の主要なものであるミール・ペースト、茶菓子に関連して、東洋食文化が広く普及するにともない、中国でも近年食によって健康を保とうとする動きが活発になってきている。山西省の海抜の高い冷涼地で収穫されるのはダッタンソバ、エンドウ、エンバク、パールオオムギであり、これらには健康を保つために効果のある栄養成分が多く含まれている。

最近日本でも、ダッタンソバの成分分析や機能性についての動物実験がかなりおこなわれるようになってきた。食品関係ではニガソバ茶や日本のそばに似せた色の苦蕎麦麵も出されている。しかし、古くからダッタンソバになじんできた中国と比べ、日本人の好みに合う食品に仕上げるのにはかなりの無理が感じられる。

機能性研究の問題点

現代のわれわれにとって、三次機能はきわめて関心の高い問題である。しかし先にも述べたように、その研究がどこまで進んでいるのかを知っておく必要があるだろう。ある本によると、ソバと赤ワインから抽出したルチンを含むポリフェノール類をマウスに二週間与えて比較すると、脳の記憶細胞の破壊抑制効果について、赤ワインよりソバのほうが効果が大きいとの実験結果が出されている。

最近このような研究は実に多い。筆者は仕事柄このような研究結果がパンフレットや商業雑誌などに記載されるとか商品化されるにあたって、一言添え書きをと頼まれることもある。紹介文を書いてほしいと頼まれることがよくある。

しかし、私は一応お断り申し上げることにしている。理由の第一は、その実験の精度やそのほかの条件を私がよく知らないからである。自分でやった実験なら結果に対してどの程度の信頼性があるか、問題があるとすればどこかがわかるが、ほかでやったものはわからない。意外な落とし穴がある可能性がなきにしもあらずである。

理由の第二は、もちろんラットやマウスの実験が人間に対してどう影響するかは不明だからである。知り合いに純真このうえない女性がいて、ダイズには血圧によい何々が含まれるとの新発見があったとか、ラットでボケに効く成分が黒豆に見つかったとかと、新聞の切り抜きを送ってくれる。そのたびに「私はラットじゃないよな」と感じてしまう。

では人間を対象とした実験でなら信用できるのだろうか。たとえば次の中国の実験を見ていただきたい。

高齢者高脂血症患者六〇名に毎日朝・夕食に四〇グラムのダッタンソバを与えた。八週間、血中脂質・血圧および体重を測定し記録した。その結果、高トリグリセライド値の患者二〇例が平均値に下がり、高コレステロール値の患者二〇例が平均値に下がり、トリグリセライドとコレステロールの両方とも高値の患者二〇例が平均値に下がった。患者六〇名全員が処理中に低密度リポタンパク（ＬＤＬ）が平均値まで下がった。同時に、高密度リポタンパク（ＨＤＬ）が平均値に上昇した。高血圧の患者四三例が収縮血圧・拡張血圧ともに平均値に下がった。肥満体および過剰体重の患者四四例がそれぞれ三・〇五キロおよび二・九六キロ減量した。

ダッタンソバは高血圧や肥満体の高齢者、高脂血症患者に対して安全であり効果的であることが、これらの実例によって示されたとしている。人間でやらないよりやるほうがましだろうが、ここにも落とし穴がある。おわかりだろうか。

ルチンをはじめ、ソバの機能性成分の働きについて、かなり不確実な説明をしてきたが、筆者はこれでも自然科学を専門にしてきた人間であるので、こういう話は実におもしろい。深入りすると、ああでもない、こうでもないと、とめどもなくなる。私はそれが大好きなのだが、この紙面に書けるような簡単な話ではない。興味をお持ちの方々はご自身でお調べになり、楽しんでいただきたい。

また、ソバにはビタミンEが含まれているから、肌によいともいわれている。しかも、その含量はソバの品種によってちがうことも明らかにされてきている。しかし、ビタミンEを多く含んだソバでそば切りを打って食べても、アルコールやタバコを乱用しながらの徹夜で荒れたお肌が回復するわけではない。

これらのほかにもカルシウムやミネラルが多く含まれているとの実験結果も出ている。ひどく不真面目な書き方を続けているが、それはともすれば化学成分がどうのこうのということで健康食であるとかないとかを問題にしてしまう現代の風潮を危険に感じているからである。レトルト食品などには内容成分の記載項目が増えてきた。それで何やら安心感を持つ傾向がある。

健康食品としてのソバの働きについての情報はますます増えてくるだろう。ことにダッタンソバは機能性成分の含有量の多さと日本人にとっての目新しさから、情報も食品も急増するのではないかと予測される。ダッタンソバが持つ栽培作物としての利点も含めて、こうした流れの世界的傾向は稿を改めて述べたいと考えている。

セリアック病――パンの国のグルテンフリー

セリアック病とは

次は、現在かなり真剣に検討されているソバの効用をつけ加えさせていただこう。セリアック病という病気をご存じだろうか。実はこの病気は日本ではきわめてまれで、アメリカやヨーロッパには比較的多く見られるものである。下痢、脂肪便、体重減少、全身衰弱などの症状をともなうもので、グルテンを除去した食事を与えると症状が改善される。

パンがふくらむためにはグルテンが必要なのだが、フカフカしたパンを多く食べるところの病気といい換えてよいのかもしれないし、下痢、脂肪便、体重減少などというようなかなり一般的な症状なら見逃されているのかもしれない。まだ一例だけだから何ともいえない話ではあるが、この病気が自閉症の原因の一つであるとの研究結果が出ているそうである。

セリアック病は日本にはほとんどないからか、内科の医師にたずねてもまず何も返ってこない。日本人にセリアック病がほとんどないのは日本人の遺伝的体質なのか、ソバアレルギーのように顕著な発症がないからなのか、筆者は医者でもないし、不勉強のためもあって知らないが、世界保健機関では盛んに取り上げ始めているテーマの一つであり、二〇〇一年には東京のN大学医学部でチェコから専門家を呼んで特別講演をおこなったようである。

食べてはならない食品の数々

ちょっと煩雑になるが、セリアック病で食べてはならないものを列挙してみよう。

コムギ製品（パン、パスタなど）はもちろんすべていけないし、ライムギ、オオムギとその製品もダメである。商品としてベイクしたものはたいてい上記の粉が入っているので危険である。また、牛脂も羊脂も摂取してはならず、ソーセージ類には必ず点着剤としてコムギ粉あるいは類似の粉が使われているので禁止。果物も缶入りにはとろみづけに粉が使われていていけない。多くのお菓子は禁止となる。

さらに、コーヒー類でインスタントコーヒーにはオオムギが入っているものがあり、そのほかのインスタント飲み物とか自動販売機の飲み物も危険である。スープ、ソース、スパイス類などでは、たとえばカレー粉にも粉コショウにも麦類の粉が入っている。アルコール類ではビールはもちろんいけない。タルタルソースなどのソース類はとろみづけにコムギ粉を用いる場合が少なくない。薬にも上記のムギの粉が入っているものがあるので要注意である。なお、エンバクに関しては多くの研究がなされているが、プラス、マイナスいずれの結果もあり結論はまだ得られていないので、現時点では避けたほうが安全である。

外食はセリアック病患者のためのレストランはよいが、ふつうには外食はできない。したがって、穀類などの粉で食べてよいものとしては、ソバ、トウモロコシ粉、ジャガイモの粉、米粉、サゴヤシの粉、ダイズとダイズ粉、タピオカである。

グルテンフリーの粉ならよいのだが、グルテンは粘りを与え、パンをふっくらとさせるだけではなく、展性、粘性に関係あるので、それが必要で混ぜられている場合が多い。二八そばはもちろん、一九そばもダメで、一〇〇パーセントソバ粉の正真正銘の生蕎麦でなければならない。生蕎麦を打つのは日本人でもなかなかむずかしい話である。江戸のごく初期のそば切りのつくり方で紹介したように、豆腐か米のとぎ汁で打てばよいというのだろうか。

ソバはグルテンを含まないから、セリアック病の病人食として重要視されてきているのである。私もつい最近ブラジルから、レシピを送ってほしいとの電子メールを受け取った。

病気の分布地域とソバアレルギー

セリアック病は日本にはほとんどないと先に述べた。この病気の地域分布を見るとノルウエー、スウエーデン、フィンランド、デンマークあたりにことに多いようであるが、ヨーロッパ全域、アメリカ、オーストラリア、ニュージーランドなどでも問題になっている。アジア人には少ないようであるが、インドのパンジャブ地方の民族について故国とイギリス在住の集団について調べてみるとイギリス在住のほうが少し多いとか。また、遺伝に関しては明らかな結果は出ていないので、環境の影響も考えられるとされているようである。多くのアレルギーが幼児期に現れて成人するとよくなるが、この病気の困ったところは一生つきまとうことだ。またセリアック病とは限らないが、アレルギー的な病気が旧東独ではベルリンの壁が崩壊して以降増加しているのだそうである。となると、先の禁忌食の問題はさらに深刻だということになるのだろう。

アレルギーの話が出たので、ソバアレルギーについてもちょっと触れたい。江戸の随筆、いや随筆とはいっても、現在のわれわれが随筆という言葉から思い浮かべる随筆ではない。何でもかでも記録した時代の話である。

そこにソバを食べて食あたりした事例が多々出てくる。それが単なる食べ過ぎなのかアレルギーなのかはよくわからない。とにかく死ぬような目にあっている。世界的に見ると、ソバアレルギーが多いのは日本とされている。そこで、先に国際シンポジウムを開くにあたってソバアレルギーもテーマの一つに加えたいと研究者の情報を探したところ、その研究が意外に少ないのに驚いた。さらにアレルギーを表面に出すようなことをするとソバの評判が落ちるとの注意まで受けた。

その後、シンポジウムの論文内容をインターネットに流し続けているが、その研究報告へのアクセスのうちで一番多いのは、ソバアレルギーについての報告をしてくれたスウェーデンの医師のものである。そしてアレルギー食品の一環としてのソバについての研究も盛んになり始めている。

第五章　日本「再発見」

伝統のソバ料理の数々――外から見た日本

現在の日本ではソバといえば多くの人びとが麺のそばを思い起こすように、幼名「そば切り」はソバ料理の王道をひた走っている。しかもローマ字で書けばジャパニーズヌードルで海外にも通じるようになってきた。しかし筆者は諸外国のソバ料理の多彩さに圧倒され、またそれらの多くがともかくも家庭の台所の中に息づいているのを知ってうらやましく感じ、日本の食文化はそれほど単調だったのかとふと淋しくなって、もう一度見直してみたくなった。

よその国のソバ料理は粉の質もそれほど問題にならない。ダッタンソバ・ニガソバの混合率も二〇パーセント程度なら大丈夫ともいう。第四章で述べた機能性から考えれば大いに評価できるのではないか。さらにいえば、ジャパニーズヌードルと海外にまで名をはせている日本の〝そば〟を外国人が本当においしいと感じているかといえば必ずしもそうでもない。

むしろ、そば切りをつくる動作をおもしろく楽しく感じているほうが大きいようにも筆者には見える。

日本のソバの調理法がそば切り一辺倒に近い状況について、外国人たちは辛口の批評をする。たとえば少しアルコールが入るとお互いの垣根がとれて、それぞれの国の文化の話になるのはお決まりのコースであるが、そんな時に彼らの本心が見えてくる。たとえば次のような言葉が飛び出してくる。

「ざるそば一杯を五分足らずでつめ込んで昼食をすませる東京のホワイトカラーは江戸の労働者と同じだね」「日本は需要の八〇パーセント以上も輸入して、それもずいぶん買いたたいておいて、ソバの麺と焼酎をつくるだけなのか」「日本のおかげでヨーロッパの市場まで品不足になるのはゴメンだね」「日本人は皆が本当に麺のソバをおいしいと思ってるのだろうか。単に飼い慣らされているからではないか」などなどと。

それに対して、「麺は粉食の最も進んだ段階なのだ」といっても、「ソバの麺をつくるのはすごい技術が必要なのだ」と説明しても、彼らは心底納得するわけではない。一応「なるほど」と答えるが、「それでもソバは高い」とか、「国全体が同じ嗜好に走るのはわからん」とか、「家庭の料理はどうなってるのだ」と、またブツブツいい始める。何やら辛辣な言葉が多いが、彼らに別段悪意があるわけではない。言葉だけで表すと真意が伝わらないが、顔を見ながら話していると、彼らが外交辞令抜きで、日本の文化に興味を持ち、日本のよいところを知りたいと本心から願っているのが伝わってくる。それをここで読者にお伝えできないのは偏に筆者の筆力の不足ゆえと、お許しいただきたい。

そうした場面で、日本に古くからあったソバの調理法について筆者が説明し、外国人たちが自分たちの食文化との相違や類似性を指摘しながら応援してくれたものをここに再現したい。読者諸氏もそこに参加したつもりでお読みいただき、何かの形で発信していただければ幸いである。

まず最初は仲よく、どこの国にでもある料理から始めよう。

これまで何度となく「これは日本のそばがきに相当する」とか「ここがちがう」とか書いてきたから、読者の皆様はすでにお気づきだろう。ポレンタとかジガンツィとか呼ばれるものがソバの食べ方のきわめて一般的なものであり、ジャパニーズスタイルといったところで基本的にはちょっとしたちがいである。

そばがきのいろいろ

それではここで日本のポレンタの基本形を紹介しよう。

鍋がきは鍋に粉を入れて熱湯を加えてかき混ぜ、あとで火にかけて加熱する方法と、先に鍋の中に適量の湯を沸かしておいて、そこにソバ粉を入れてかき混ぜる方法とがある。さらに、ソバ粉を水や湯でかいて、それを熱湯の中に落とす方法があり、日本的にいえばすいとん方式である。

先の二つは他の国にもよく知られているが、「茶碗がき」は日本独自の優れた方法であると、私は主張したい。鍋がきもすいとん方式も一回につくる量が多いから、家族がそろっていなければ温かいものが食べられないが、茶碗がきは茶碗に一人分のソバ粉を入れて熱湯でかき混ぜるだけ。昔の農家にはいろりでいつも湯が沸いていたから、好きな時に一人ででもつくりたての温かいのが食べられたわけである。

ソバ粉のデンプンは生で食べても下痢をしないと知っていた日本人はえらかったでしょうと、自慢した。皆は感心していたが、「僕の国では生のソバ粉を食べてるよ」とネパールのG君の反撃で私は言葉を失った。

さらに「日本には焼いたソバパンはないでしょう」と、オーストリアのMさんが追い打ちをかけてくる。

団子はパン？

日本の伝統的な家庭料理にソバパンと名づけられるものはない。しかし、最近ではパン屋へ行くと食パン、フランスパン、蒸しパンの類、カレードーナツのような揚げパンの類、ナンのような平焼きパンもが並んでいる。さらにエスニック料理の店へ行けばチャパティのようなふくらんでいない平焼きパンも食べられる。日本の家庭にオーブンが入ったのは最近のことである。とはいえ、パンに相当する食べ方の伝統はなかったのであろうか。ソバパンがあってもよいではないか。読者の皆様はここで何とお答えになるだろうか。筆者もうなってしまうのだが、こんなに早く敗退するわけにはいかない。下を向いてうなっている筆者にどんな言葉でもよいから応援をいただけないだろうか。とっさに「ソバ団子がそれにあたる」といってしまってから、筆者は夢中で頭を働かせた。たしかに日本の伝統食に「パン」と呼ばれてきたものはない。しかし……、原理的には粉を食べられるようにするための加熱の方法が下記の四種類あるといえるのではなかろうか。①オーブンで焼く、②直火で焼く、③蒸す、④油で揚げる。このうちで古い時代の日本になさそうに感じられるのはオーブン方式ではなかろうか。

ところでオーブンに入れて焼く方法だが、オーブンと呼ばれるものは世界にさまざまな形があるが、原理は直火のように下から（一方から）熱を加える方法ではなく、多方向から熱を加えるものであろう。かつての日本の調理器具にはオーブンはなかった。だからパンはなかったのかもしれない。しかし、である。熱を四方から加えるのがオーブン方式だとすれば、次の食べ方は日本流ソバパンだったのではないだろうか。

灰で焼くソバ団子は単にソバ粉をこねて丸めて灰の中に放り込んでおき、食べたい時にパンパンと灰を払って食べる。その昔、農作業に忙しかった農家で子どもの間食や時間のない時には昼食にも食べていたもの。団子の中には野菜の漬け物を入れることもできるし、アズキのあんを入れる場合もある。いつでも温かいものが食べられるのは、フランスの食文化の歴史にガレットが冷えると食べられないと書いてあったのとはちがうでしょう、と私は答える。

「灰で焼くパンはギリシアの昔からあったのですよ」と、イタリアの考古学者のBさんが反撃する。コムギの場合には、「灰焼きパンはよく焼けないので重く、消化にもよくない（焦げたところと生焼けの部分が残り、灰や灰の中の小枝や葉のもえ残りがついているからよいパンとはとうていいえない）」。ソバ粉は生でも食べられる。そしてパンパンと払えば灰は落ちてしまう。「やっぱり昔の日本人はよく知っていたのだな」と、ベルギーのHさんが感心してくれる。

パンケーキ

日本にはパンケーキもあった。

「うちわもち」は鍋の要らないパンケーキで、秋田県北部米代川流域の伝統料理である。ソバ粉を熱湯で練り、冷やご飯を少し入れてよくつぶし、混ぜ合わせて蒸す。これを木の平串にうちわのように平たくにぎりつけ、トロトロに練ったクルミ入り味噌を塗りつけ、いろりの火でこんがり焼く。

「五平餅と同じでしょう。おいしかったよ。でもね、パンケーキはフライパンや鉄板で焼くからパンとつくので、パンを使わないのはパンケーキではないよ」と、皆がどっと笑った。筆者の語学力欠如にアッパーカットを一発くらった。それでも、日本では調理に油を使うようになったのが明治以降で、ヨーロッパのように動物性の油脂をボンボン使わないから健康によいのよ。日本には水が豊富にあるからそれで十分調理ができたのだと、筆者はブツブツいいながら、敗者復活戦に臨む。敗退しそうになったのは単に筆者の語学力の問題だけで、パンを使わない料理が敗退しかけたわけではない。

蒸す団子（蒸しパン）——東洋の伝統

モンスーン地帯で水の豊かな国の自慢をすることにしよう。生地をつくってそれに熱を加えるなら蒸す方法もある。身近なものは蒸籠である。すでに江戸のソバのところで述べたように、そば切りの始めの頃は蒸籠で蒸していた。蒸すとは火熱で発生する熱い蒸気で調理する方法であり、その機具は米作地帯には古くから存在していた。

先年中国の江南の水田跡の調査に参加した時、新石器時代の稲作地帯（浙江省河姆渡遺跡第三層、馬家浜文化）にすでに出現していると聞いて驚いたものである。朝鮮半島での初現は、おそらく三、四世紀。この系譜をひき、日本では五世紀に須恵器の器種として甑《こしき》が現れ、そして土師器の器種として普及し、八世紀まで継続したのだそうである。

煮炊き用の鍋釜による米の炊飯方法が蒸し器による強飯調理の方法よりいつから優先する

ようになったかは議論の余地があるようだが、いずれにしても「蒸す方法」で調理する日本の歴史は古くなじみが深いものである。ヨーロッパに蒸す料理が広まったのはジャガイモを蒸す調理方法が開発されてからで、比較的最近であり、蒸し器も蒸籠のような機具を用いるのではなくて、日本流にいえば煮て蒸らす方法である。

ご馳走のソバ料理たち

さらにいくつか日本の伝統料理の自慢を続けよう。

[ニョッキ・アラ・シチノーへ――凝ったすいとん式そばがき]　シチノーへは青森県の南部地方、七戸町のことである。七戸風ニョッキは地元で「ふっつみりだんご」と呼ばれている。ソバ粉やコムギ粉を水で練り、しばらく寝かせておく。その間に干し菜の味噌汁をつくり、煮立ったところに、こねたコムギ粉を指で薄くのばし、適当な大きさにちぎって入れる。浮き上がってきたら熱いうちに食べるのが日常食。しかし、ちょっと凝ると次のグルメ料理ができ上がる。川蟹を、始めは甲羅ごと鉈でぶつ切りにし、次に鉈の背で粉々につぶし、それをソバ粉かコムギ粉に入れて練り、ふっつみりだんごにする。「ふっつみりだんご」の系統は日本の全国にあった。そしてある程度の年齢の方はもうお気づきだろう。これはソバの「すいとん」である。

ゲテモノをおしゃれに料理する元祖はフランス料理だから、イタリア名より隣国フランスがよいだろうか。ピレネー山脈の北麓でとれた沢蟹を南プロバンスで食べることにしようか。もうこの頃になるとメートルは上がり、「日本では麺のソバを肴に酒を飲むようだけれど、あれはパンを片手にビールのようなものだね。でももっとよい酒の肴はないの」と質問がくる。

「待ってました！」

【柿のゆべし】ソバ粉を味噌のたまりでかく。そこへ、甘みとして串柿の細く裂いたものを入れたり、クルミやエゴマ、陳皮《ちんぴ》（ユズかミカンの皮）を入れる。あくまでも水は使わず、味噌のたまりでかく。それを棒のように丸めて竹の皮で巻き、ひもでしばり、ごはん蒸しに立てて蒸す。湯気が上がってから一五分から二〇分蒸す。竹の皮に包むとかびが生えず、長持ちする。また、ソバ粉なら米の粉とちがって硬くならず、かなり長く保存できる。結婚式の時は、組みつけ（口取りのように何品かを美しく皿盛りにした料理）の一品として、二、三かけら輪切りにして組みつけて食べる。外観はサラミソーセージ。これはワインにあう。ジャパニーズワインに。日本料理はさすがにヘルシーでしょう。

【そばねりと焼餅】最後に野兎のフルコースでいくことにしよう。フルコースとは残り麦飯、そばねり、野兎のへか汁（すき焼き風の野菜汁）、ナマコの酢のもの、黒エイの煮つけ、カブ漬け等々である。

そばねりは大根おろしをつけて食べたり、野兎のへか汁の中に入れて食べる。とろりと舌の上でとろけるような味は、自分の家でとったソバ粉でなければ味わえない。野兎のへか汁は、大根、里芋、コンニャク、春菊などの入ったもので、醬油味である。ナマコも、砂おろしといって好んで食べる。薄く切って酢醬油をかけたり、おろし大根を入れてもおいしいのだそうである。

デザートはそう、やっぱり柿の入ったちょっと甘いケーキで、焼餅にする。米の粉二合にソバ粉八合と熟柿一〇個を加えてぬるま湯でこね、団子にする。これを浅い鉄鍋で焼いて味噌をつけて食べる。「針供養の時、この餅に針を刺して川に流すこともある」と解説をつけると、皆様はフーンと感心する。

そろそろ時間切れになるが、「私でももっとたくさん知っているのよ」と叫ぶと、「わかった、わかった。日本には世界に誇る料理法がそば切り以外にもあったのだよね。またこの次に聞かせてほしい」となる。

外国の人びとが時々反論したり、援助の手をさしのべながらニコニコして日本自慢をそれなりに納得して下さったのは、私のトチトチとした英語がおもしろかったのと、下手なスケッチを書いて説明するのがおもしろかったからかもしれない。しかし、もっと奥のところで彼らが感じていたのは、ひたむきに生きていた、かつての日本の農民の工夫を凝らす姿への賛歌が大きかったのではないだろうか。

ハレとケ（ご馳走と日常）を分けたのは

ここで紹介した日本の農村の伝統的なソバの調理方法は先にも述べたように、そのほとんどがいつでも忙しかった生活の中で工夫されたものである。たとえば「団子の灰焼き」、それは間食や調理に手間がかけられない時のためのものであるが、それでも常に焼き立てが食べられるものである。「茶碗がき」は一人前を手軽にできる。欧米にはない方法らしい。主食の飯を毎日炊く日本と、パンを焼いて保存する文化とのちがいではないかと考えるが、いかがだろうか。

たとえばチロルではパン焼きは白パンで二週間に一度、黒パンでは二、三週間に一度。中には年に数回、中には年に一度というところさえあった。パンを保存する方法は大型フリーザーの登場以前はもっぱら乾燥により、手で割る場合、パン切り用の道具を使う場合、いずれも砕くというのが当たっているようで、砕いたパンは、牛乳や、スープ、粥に入れたり、卵をつなぎにして団子につくったりしたという。

どちらがよいかなどというつもりはさらさらない。洋の東西を問わず、農作業の忙しさと飢えに苦しんだかつての人びとが、それぞれの自然環境をうまく利用してつくり上げた食の伝統だろう。

ここまでは悔し紛れに日本の伝統的な食べ方を並べ立ててきたようなものである。ここでもう少し調理過程の手間のかけ方と栄養の機能性の面から整理して、二、三つけ加えておきたい。

江戸ではそば切りがそばで通じるようになったと書き、また信州に一八一〇年頃そば切りが現れたとの『きりもぐさ』を引用した。その頃から一〇〇年後の昭和初期になっても、「そば」は関東周辺とか関西の都市部以外では「そば切り」と呼ばれるほうが多かった。これだけなら、まあそうだろうという程度の話である。そこで、「そば」も「そば切り」も切り麺、つまり生地をこね、のして、切る料理法と定義して、「そば切り」としておく。

ひもかわ、どじょう、田楽切り麺

もちろん、農家でも「そば切り」はつくっていた。これは年越しその他の節季、来客、仏事、祭りなどのハレの日にはつくっていた。ところで、切り麺の定義を上記のように定義したとして、その太さが問題にならないだろうか。うどんには極太もあれば細いものもあるが、うどんはうどんである。きしめんもうどんの一種と考えても誰も文句はいうまい。ソバでつくるきしめん風の幅の広い切り麺がある。きしめんと名づけている場合が多い。「どじょう汁」あるいは「どじょうそば」は泥鰌の入った味噌汁とかかけそばの種が泥鰌なのではない。そば切りが太くて、形が泥鰌に似ているからそのように呼ばれる。もっと太くてもやっぱりそば切りだろうか。私が知っている最大のものは、生地をのす時の厚さが二センチくらいで、幅三センチ、長さ五センチ程度の長方形に切り、それを二つの三角形にしたもの。こんにゃく田楽のようなものとでもいおうか。

これらの間にはさまざまな太さがあるから、どこからどこまでが切り麺で、それ以上は切り麺とはいわぬと、いえるだろうか。ただ、細いそば切りがご馳走で、太くなるほど日常食になる傾向は明らかである。また、使う粉のひき方も、使う道具もちがう。日常のそば切りの調理のためには大きなのし板とかそば切り包丁を出してそろえたりはしない。毎日使うまな板と包丁と鍋を使ってつくってしまう。そして、ゆでるのも省いて煮込む場合もある。日常とご馳走のちがいは手間のかけ方、時間のかけ方のちがいだと書いてしまうと、なるほどと納得して下さるだろうか。

ところがである。こんにゃく田楽風のそば切りは来客のおもてなし料理である。アズキの汁粉、関西ではぜんざいと呼ぶが、そのアズキの汁粉を前日につくっておいて、来客のあった時に田楽風そば切りを浮かせてもてなしたそうである。日本のおっかあたちの優しくて豪快なそば切りではないか。これには最も時間をかけなくてもてなし料理をつくる工夫が隠されているといえるだろう。前夜のうちに下ごしらえをしておいて、当日は農作業が忙しくてもデッカイそば切りを手早くつくればよいだけなのだから。

日常の食事とハレの時

ふつうの日の朝食には冷や飯にカブや大根、いもなどを刻み入れてそれをソバでとじる食べ方が最も一般的である。昼食になると、すいとんのような食べ方、つまりいろいろの具を煮た中にソバ粉を溶いて落とし込んで煮る。夕食では時にソバ切りや手打ちそばの名が出てくる。そのほかにどじょうソバとかきしめんそば。いずれにしても「のす」作業は場所と時間をくうからだろうが、日常の朝や昼から食べるものではない。

間食は小昼とも呼ばれ、労働には欠かせないのは江戸の職人たちと同様だが、間食に麺のソバが食べられることはまったくない。そもそも農村では三食になったのがそれほど古くないからかもしれないが、とにかく軽いもの、というより手のかからないものが食べられている。そばがきとか団子の類である。

ハレの時にはなんといっても細いそば切りをつくる。ゆっくり手間をかけて粉を挽き、丁寧に生地をつくって打ち、細く切る。それほど手打ちに手間をかけなくて、その地、その旬の珍味を加える。

日本の農家のソバ料理でここに紹介できたのはごくごく一部分にすぎない。特殊な時のご馳走以外は時間をかけない工夫をしながら、季節の旬のもの、その地にとれる野菜や魚、山鳥、野兎などを入れて多様な料理をつくっていた。この、手近に使える材料を使うことと、時間をかけないことが家庭料理の本質なのだろう。だからこそ時に応じて変化し、一方では名前をつけたり、分類したりする無意味さを感じさせる多様性が生まれ、それが健康を支えてきたのではないだろうか。

ここに記したような日本のいろいろのソバ料理は、今はほとんど姿を消してしまったが、ずいぶんいろいろな料理を簡単にやってたのだなとか、日本も他の国々も大した変りはないではないかと、お感じになったのではないだろうか。

ソバ料理の可能性を広げて楽しんでみませんか

コムギは世界で最も多くつくられていて、最も利用法の多い穀物であるが、ソバはそれと同じ程度といえるか、あるいはもっと多彩な利用方法があるとお感じにならなかっただろうか。私はそのように感じる。何にでも適当に利用すればそれなりの役に立つ。これがソバの得意芸ではないだろうかと。だから私はソバ料理のつくり方について教えてほしいといわれるといつも困ってしまう。

何でもよいから適当にソバ粉を加えてみて、ほのかな香りを楽しんでみる。鍋がきでも、ポレンタでもよい。その時に冷蔵庫にあるもので純日本風でもイタリア風でも、スロベニア風でも、ある日ある時のわが家風にすればいかがだろうか。伝統にこだわることはない。最近イタリア料理ブームで、かつてバブル以前はパスタといえばスパゲッティだけだった日本人は、今さまざまなパスタを身近に感じている。ソバも細い麺だけをソバ料理と考えるほど、日本人は狭量ではないはずだろう。

しかも、細い麺以外は適当に挽いた粉でもできる。その粉の栄養も機能性も高いとなれば、「適当」は万々歳ではないだろうか。

ソバの機能性から見れば、かつての農村で忙しさのために手抜きをしていたとのみ考えられる料理の数々の意味が、別の形でとらえられるのではないだろうかと思うからである。しかも、機能性の研究はある意味では始まったばかりといえるのではないだろうか。

最近ではソバを自分で栽培する人が増えてきている。しかし必ずしも十分な量が収穫できなくて、製粉屋で挽いてもらえないから困るといっている人もいる。たしかにそうだろう。それは麺にするための粉と考えるから、製粉してもらったり、時には凝った人が石臼を特注したりするわけだろう。しかし、最近の雑穀食の流行もあって、欧米では簡単なミルが多く市販されている。私たちもソバをコーヒーミルで挽いて食べる程度に考えればよいのではないだろうか。

ソバが手に入らなければ、ドライブに田舎へ出かけた時に農協へでも立ち寄って、殻つきのソバの種子を買っておいたらどうだろう。粉にすると香りが急速に落ちるが、殻つきは貯蔵性がよいから便利である。フライパンでちょっと炒れば殻が割れるから、ふるってスープにでも入れればよい。一升瓶に入れてコンコンとつつくだけでも殻は割れる。挽き割りなら簡単なミルでちょっと挽いてふるえばよい。スープにするなら洋風でも純日本風でもけっこうおしゃれな雰囲気を加えることができるだろう。

何せソバのデンプンは生でも消化できるから何をやっても平気である。殻がしっかりふるい分けられない……（？）。その時には、日本でも外国でも飢饉の時には殻つきを混ぜて食べていたのだと思えばよいではないだろうか。いえいえ、田舎そば——あの黒くて、何やら元気が出てきそうなそばは殻の一部が挽き込まれているのだから、自分でつくった料理にちょっとぐらい殻が混じったからといって気にすることはないのでは。

さらに、ダッタンソバも少し混ぜればいかがだろう。

ニガソバ（苦ソバ）と不名誉な名前で呼ばれ、日本には栽培の歴史がないが、最近では機能性の面から注目を浴び始め、新品種の育成にも力が注がれてきている。大規模に栽培して商品化されたものを利用するか、小さな面積で身近に播いて葉も種子も利用するかは、今後の日本人の生活のありかた全般にかかわる問題かもしれない。

「何を大げさな……!!??」

「いえいえ決して大げさな話ではございません」

筆者の意見を書けばきりもない。このあたりで筆をおかせていただこう。

あとがき

最初に「そば学大全」などと大仰な、それでいてちょっとミーハー的に感じさせる書名に首を傾げながらも、手に取り、お読みいただいた方々に心から感謝申し上げます。この書名に最初は私自身も首を傾げ、戸惑っておりましたし、口の悪い友人たちは「年をとったら恥ずかしげもなくこんな名前をつけるのか」と笑うでしょう。でもそれなりの意図と希望からでして、それについてはあとに述べさせていただきます。

お読みいただきまして「ＳＯＢＡ」という響きに、麺のそば以外のいろいろなソバ料理が頭をよぎるようになっていただけましたでしょうか。畑のソバを見たいと思いながら、そばを召し上がっていただけましたでしょうか。

それにしても日本の「そば」についての記載が少ないことを意外に感じられたかもしれません。たしかに私自身もそう思います。一見むずかしそうでも、ソバ粉と水と適当なボウルと包丁があれば、「そば」は誰にでも打てるものです。けれど私はそれを書きたいとは思いませんでした。本当の老舗の蕎麦屋の主人は毎朝「そばの顔を見て打つ」そうです。その意味は手と目と匂いと味と、あらゆる感覚を使って、つまり全身でソバにふれ合い、ソバ粉と語り合いながら打つということでしょう。生産地の状況、収穫方法、収穫後の保存方法、粉の挽け具合などのすべてがソバ粉の顔に現れてくるとの意味らしいのです。

もう今の日本で、こうした老舗の主人を喜ばせるソバを供給することはできなくなってしまっております。仕入れた玄ソバを大切に保存しても、輸入ソバは論外として、国内産を石臼で挽いても、その玄ソバが転換畑のソバでは、老舗の主人を喜ばせる顔をしていないのでしょう。私にはその職人気質を簡単に理解できるとも思えなくて、蕎麦屋の前に立つのが怖いと感じられてしまいます。けれどソバに市民権を持たせることで、その職人さんたちの喜ぶソバを取り戻したいと考えているのです。

大全の前に「学」と入れましたのは、学問の言葉は物事の一つの側面を示すものであって、職人気質の生み育てたものを語りえないとの意味合いなのです。次は「大全」なのですが、辞書によると「大全」とは〝十分に完備していること。ある事柄について、もれなく記されている書物〟となっております。それなのに、まだまだ未完の図書に「大全」としたことに理由がないわけではありません。

最近「大全」と名のついた本が時々見受けられて驚くことがあります。不思議に思い、あちこちの図書館の検索をやってみました。図書館の種類によって「大全」とつく本の傾向は少しちがいますが、ここでは割愛させていただきます。全国の大学の図書を全部掌握して情報を提供している国立情報学研究所のデータベースで検索してみますと、「大全」と名のついた本が一三〇〇種類以上あります。その本の出版年にはちょっとした傾向があって、一九世紀の終り近くから二〇世紀のはじめに多く、その後は二〇世紀の終りに近づいた一九八〇年代の終りから増え始めています。もちろん何世紀も前に書かれた古典の「大全」も世紀の半ばに書かれた名著の「大全」もあって、それらはまさに「大全」の名にふさわしいもののようです。私が自分の本の書名にミーハー的な軽さを感じる理由がわかりました。

とは申しましても、ソバに関してこの本のように多面的な角度で書いた本は日本にはありませんし、世界的にも存在しておりません。その意味からも、また、現在のソバが一つの曲がり角にあるという意味からも、「大全」とつけるのもいいかもしれないと感じた次第です。

本物の大全は世紀の半ばに出版されたものだと書きました。そこまではこれからまだ三〇年以上あります。ソバはソバだけの問題ではありません。おなじ畑に植えられるほかの作物との関係も、土の問題も、花粉を運んでくれる虫たち、その虫たちのねぐらになる植物たち……、そして人間の社会のありかた全体に関わるものです。本物の「ソバ大全」はこの本をお読みいただいてソバの市民権に関心をお持ち下さった方々も、職人魂をお持ちの方々も、そして海の彼方のソバ好きたちも、皆でともにつくり上げるものではないかと思えてきました。本物の「ソバ大全」が書ける日を夢見て私も歩き続けたいと考えております。

平凡社新書編集部の土居秀夫さんからは三年以上も前にお話をいただいて、三ヵ月程度で書けますとお約束しながら遅くなってしまい、ご迷惑をおかけいたしました。編集の隅々までお世話下さり、この書名をつけて下さいまして、ありがとうございました。

二〇〇二年八月

保野敏子

主な参考文献

F・G・バルト（渋谷達明監訳）『昆虫と花――共生と共進化』　八坂書房　一九九七
星川清親『新編食用作物』　養賢堂　一九九四
本田裕『ソバ――条件に合わせたつくり方と加工・利用』　農山漁村文化協会　二〇〇〇
町田暢『雑穀類　第二――アワ・キビ・ヒエ・モロコシ・ソバ』（作物大系第三編）　養賢堂　一九六三
長友大『ソバの科学』（新潮選書）　新潮社　一九八四
生井兵治『植物の性の営みを探る』　養賢堂　一九九二
菅原金治郎『ソバのつくり方』　農山漁村文化協会　一九七四
原田信男『江戸の料理史――料理本と料理文化』（中公新書）　中央公論新社　一九八九
伊藤汎『つるつる物語――日本麺類誕生記』　築地書館　一九八七
遠藤元男『近世生活史年表』　雄山閣出版　一九九五
木村茂光『ハタケと日本人――もう一つの農耕文化』（中公新書）　中央公論新社　一九九六
喜田川守貞（宇佐美英機校訂）『近世風俗志（守貞謾稿）』（全四巻・岩波文庫）　岩波書店　一九九六
笠井俊弥『蕎麦と江戸文化――二八蕎麦の謎』　雄山閣出版　一九九八
新島繁編著『蕎麦の事典』　柴田書店　一九九九
新島繁『蕎麦史考』（蕎麦うどん名著選集第二巻）　東京書房社　一九八一
新島繁編著『近世蕎麦随筆集成』　秋山書店　一九九六
サライ編集部編『そば通の本』（小学館文庫）　小学館　一九九八
佐々木高明『日本の焼畑――その地域的比較研究』　古今書院　一九七二
佐々木高明・松山利夫編『畑作文化の誕生――縄文農耕論へのアプローチ』　日本放送出版協会　一

九八八
田村栄太郎『江戸時代町人の生活』(生活史叢書)　雄山閣出版　一九九四
植原路郎・薩摩卯一編『そばの本』　柴田書店　一九六九
伊藤好一『武蔵野と水車屋――江戸近郊製粉事情』クオリ　一九八四
李孝石「蕎麦の花の頃」(朝鮮文学選集第一巻)　赤塚書房　一九四〇
舟田詠子『パンの文化史』(朝日選書)　朝日新聞社　一九九八
北山晴一『美食の社会史』(朝日選書)　朝日新聞社　一九九一
石毛直道『文化麺類学ことはじめ』フーディアム・コミュニケーション　一九九一
黄慧性・石毛直道『韓国の食』　平凡社　一九八八
尹瑞石『韓国の食文化史』　ドメス出版　一九九五
姜仁姫(玄順恵訳)『韓国食生活史――原始から現代まで』　藤原書店　二〇〇〇
マッシモ・モンタナーリ(山辺規子・城戸照子訳)『ヨーロッパの食文化』(叢書ヨーロッパ)　平凡社　一九九九
李盛雨(鄭大聲・佐々木直子訳)『韓国料理文化史』　平凡社　一九九九
阪本寧男編『インド亜大陸の雑穀農牧文化』　学会出版センター　一九九一
周達生『中国の食文化』　創元社　一九八九
R・E・F・スミス、D・クリスチャン(鈴木健夫・豊川浩一ほか訳)『パンと塩――ロシア食生活の社会経済史』　平凡社　一九九九
小原哲二郎『雑穀――その科学と利用』　樹村房　一九八一
岡田哲『コムギ粉の食文化史』　朝倉書店　一九九三

解説　ソバは言うことを聞かない子供の様で可愛げがある

松島憲一

本書の著者である故俣野敏子先生は京都大学大学院博士課程を修了された後、信州大学農学部に赴任され、ご退官まで長らく作物学について教鞭をとられていたが、かくいう私も、その教え子の一人である。私が信州大学農学部の学生であった当時、俣野先生が指導されていた作物・育種学研究室は、当時からソバの研究で日本では知られた存在であった。幸運にも、私は人気のあったこの研究室に分属されることができたのだが、作物学ではなく育種学を専攻することになったので、直接、俣野先生に卒論、修論の指導を受けることはなかった。とはいうものの、私にとっては大切な恩師の一人であり、勉学だけでなく研究に対する姿勢など様々なことを教えていただいた。

このたび、その俣野先生の著書『そば学大全』が講談社学術文庫として再刊されるにあたり、解説の執筆を仰せつかったことは大変名誉なことと感じている。執筆に当たって『そば学大全』を改めて拝読させていただいたのだが、まるで、俣野先生が目の前に座って語りかけているのではないかと思わせる様な文章で懐かしく感じた。しかし、本当に先生が目の前に座っていたのならば、きっと議論をふっかけて来ただろうなぁと、先生がいらっしゃらないことに寂しさも感じた。ユーモアがあって、皮肉っぽくて、それでいて学問に対する姿勢は厳しい先生の存在を、再読して感じた次第である。

さて、本書は、第一章においてソバという植物・作物を科学し、第二章および第三章で日本と世界におけるそばの食文化やその歴史を論じ、第四章で食物としてのソバの栄養と健康について解説し、最後に第五章で再度そばの文化と今後の方向性などを示している。植物としての「ソバ」、食べ物としての「そば」を、それぞれ科学的視点、文化的視点から幅広く見つめており、まさにそば学の「大全」といえるのが本書である。

本書が出版されたのは二〇〇二年の九月であるが、それ以降にも様々なソバに関する研究成果が得られている。ここでは、『そば学大全』後のそば学の進展について少々解説していこう。

まず、第一章にソバという植物の特徴として「自家不和合性」と「無限伸育性」が紹介されている。自家不和合性とは自己の花粉が雌蕊《しずい》に受粉しても受精に至らず種子ができない性質のことであるが、この自家不和合性のうちソバの場合は「異形花型自家不和合性」という種類の自家不和合性となる。すなわち、タイプの違う二つの花型、花柱（雌蕊）が長く花糸（雄蕊《ゆうずい》）が短い「長花柱花」とその逆の「短花柱花」の間でないと受粉しても受精に至らず種子ができないという性質である。

この異形花型自家不和合性のために、ソバは種子を得るには、他の個体からの花粉を受粉する必要があり、その送粉者として昆虫の存在が必要となる。しかし、開花期の気象条件によってはこれら昆虫の活動に制限が出てしまうことなどから、ソバは安定的な種子生産ができないのだ。

このため、開花期の環境に左右されない、自分の花粉で受粉受精できる自殖性ソバ品種の開発が求められていたが、国立研究開発法人農業・食品産業技術総合研究機構（以降、農研機構）九州沖縄農業研究センターでは、早生品種の「牡丹そば」を母親に、ソバ近縁野生種で自殖性の「*Fagopyrum homotropicum*」を花粉親にして交配することで種間雑種を作出し、その後代から自殖性品種「そば中間母本農1号」を育成した。この品種は二〇〇九年には品種登録されているが、その品種名に「中間母本」とあるように、今後、自殖性のソバ実用品種を開発していくための交配親として利用するための品種であって、直ちに実用化して普及できる品種ではない。

また、本書にもソバの集団の中から自殖稔性のある個体を見つけ出して選抜しても、その後代は生育が悪くなるとある。他殖性の植物を無理矢理自殖させると自殖弱勢と呼ばれる現象により生育が悪くなってしまうことが多い。この様な問題もあるため、実用的な自殖性ソバ品種の開発には今後のさらなる研究が期待されるところである。

一方、「無限伸育性」もソバの収量を低くしている原因となる性質の一つである。第一章で俣野先生はこの性質を「ダラダラと伸び続ける性質」と表現しておられるが、稲や麦類は一斉に開花して一斉に収穫期を迎えるのに対して、ソバはダラダラと伸び続け、ダラダラと花が咲き、ダラダラと種子が成熟するため、収穫のタイミングが定まりにくい。また、まだ花が咲いていても、早くに開花、結実した種子は成熟しすぎると、順に脱粒していってしまうので無駄が多い。

この問題についても農研機構北海道農業研究センターでは、生育があるところで止まる、有限伸育性の品種「キタノマシュウ」を開発し、二〇〇五年に品種登録している。これは「キタワセソバ」集団中から見出された有限伸育性個体を選抜固定した品種であり、その性質により草丈も短くなることにより耐倒伏性も得られている。さらに長野県野菜花き試験場でも、丸抜きの色が緑色の品種「長野S８号」に有限伸育性を導入した「長野S11号」を開発しており、二〇一一年に品種登録されている。この「長野S11号」は製麺すると美しいひすい色になることから「信州ひすいそば」のブランドで普及しているが、さらに付加した有限伸育性のために草丈が低く、倒伏しにくく、収量性も優れるとされている。

第一章の最後にはソバの近縁栽培種である「ダッタンソバ」について、自殖性であることなどの紹介が記されている。また、第四章には「ダッタンソバ」はルチンが高いことやその栄養性も優れていることが紹介されているが、ダッタンソバは別名ニガソバとも呼ばれるくらいその子実に苦みがあることでも知られている。この欠点を克服した品種も農研機構北海道農業研究センターが発表している。二〇一四年に品種登録された「満天きらり」はダッタンソバでありながら苦みが弱く良食味の品種なのである。ダッタンソバに豊富に含まれるルチンが、ルチノシダーゼと呼ばれる酵素によって苦みのあるケルセチンに分解されるために苦みが生じるのだが、この品種はそのルチノシダーゼの活性を制御することで苦みを抑えることに成功しているのである。

この様に、俣野先生が本書においてソバの問題点として挙げた様々な事項を解決しうる品種がリリースされてきたが、二〇一六年にはさらに大きな成果が報告されている。京都大学らのグループがソバの全ゲノムを解読したのだ。全長約一二億塩基対のうち、八億六八六五万七〇五八塩基対を解読し、このゲノム配列から、三万五八一六個の遺伝子の機能を予測できる様になったとのことで、今後、このゲノム情報を用いた様々な品種開発が加速することと期待できる。

さて、このように一つ一つ研究開発されてきてはいるものの、収量については主要穀物の稲や麦類には遠くおよばないなど、ソバはまだまだ改善すべき問題を多く抱える作物なのである。しかし、その一方で、その独特の風味や味わいは多く愛好家がいるのも事実だ。そんなソバという作物を「ソバは言うことを聞かない子供の様で可愛げがある」と俣野先生は表現されている。これは、俣野先生が最後に指導した博士課程の院生で、現在、私の同僚でもある渡邉修准教授が、保野先生の訃報に際して信州大学農学部同窓会報に寄稿した記事にある一文である。なんとも保野先生らしい表現である。

そんな、保野先生の思い出話でよく出てくるのが、ネパールの標高三九〇〇メートルの村で高山病に罹りヘリコプターでカトマンズの病院に運び込まれたというエピソードだ。これについては第三章にも書かれてある通りであるが、往々にしてこの手の話は尾ひれが付いて大げさに伝わっていくものだ。しかし、改めて本書を読んでみると、私が伝え聞いていたエピソードと、本書に書いてあったエピソードとの間には特に大きな相違はなく、嘘のような本当の話を先生は体験されたのかと、改めて驚いた。

さて、このネパールやブータンなどのヒマラヤ山麓高標高地域ではソバがよく栽培され、日常的に食べられている。私もこの両国での現地調査にたびたび出かけてきたが、調査対象の村々でそば料理をいただくことも多い。例えばネパールの山岳地域でタカリ族のそばがきである「ディロ」を食べる機会が何度かあった。本書では「ディンド」と紹介されているが、同じ言葉の方言くらいの違いであろう。また、ブータンではそば粉と血の腸詰めである「ギュマ」を食べてきたが、本書の第三章で紹介されているネパールのギャンティとほぼ同じ料理であろう。

ネパールの腸詰めがブータンの腸詰めと似ていることには驚かないが、遠く離れた中国の山西省にも「灌腸（グァンチャン）」という類似した料理があるという記述にはちょっと驚いた。なお、ブータンのギュマは山椒である「ティンゲイ」（香りはむしろ中国の花椒《ホアジャオ》に近い）がふんだんに使われていたのだが、ネパールのギャンティや山西省の灌腸にも山椒の類が使われているのか、その味付けが気になるところである。

また、ブータンの押し出し麺「プタ」もヒマラヤ地域のそば料理を語るに外せない一品である。本書で紹介しているプタはアサツキ、トウガラシ、マスタードオイル、脱脂粉乳をかけて食べるとある。一方、私が幾度となくブータンで食べてきたプタは、そばの押し出し麺を、ニラに似た在来のネギ属植物、トウガラシ、薄焼きの卵もしくは炒り卵と一緒に熱した油とともに和えて食べるものだった。こちらもブータンの山椒ティンゲイがふんだんに入っていて痺れる美味しさであった。

本書で紹介されている脱脂粉乳入りのプタは食べたことがないが、どんな味なのか気になる。このプタはプタシンと呼ばれる、梃子《てこ》の原理を用いた押し出し製麺機により作られるが、同じく第三章に写真が掲載されている韓国の春川のマックッスの木製押し出し製麺機と似ている。また、同章で紹介されている中国の河漏《ホーロー》麺についても「梃子の原理」を用いて押し出すと書いているので同様の製麺法なのであろう。

さらに本書では、雲南省のシーサンパンナでタイ族の女性が米線（ビーフン）をつくる動作と似ているとも記してある。麺料理はグルテンを含む小麦粉によって生まれた料理法であり、グルテンを含まないソバや米は、伸ばして製麺する、もしくは伸ばして切って製麺するには向いていないために、この様な梃子の原理を用いた押し出し機による製麺法の方が合理的なのであろう。しかし、日本のそばの製麺法といえば、薄く伸ばして包丁で切っていく「そば切り」が主流だ。何故に日本ではこのような高度な技術を必要とする製麺法が主流となったのだろうか。まだまだ、文化面でもそばについては未解明なことは多い。

さて、二〇一七年に信州大学農学部同窓会東京支部の総会において「人生八五歳から」と題した俣野先生の講演があった。俣野先生の生い立ちから始まり、信州大学に赴任して以降の研究や学生との思い出、また、世界の研究者との交流についてまで話が及んだ。俣野先生の時代に女性の研究者は決して多くはなく、教授に就任し、また、ソバ研究の第一人者となられるまでには、それはそれは苦労されたことと思うが、そんなことはおくびにも出さず、むしろ、様々な難問をちぎっては投げちぎっては投げのご活躍であったというご講演は、痛快な映画を見ているかのごとくであった。

本書を読んでいて、文章の端々に、もっと調べたい、もっと知りたいという俣野先生の気持ちがにじみ出ていたと感じた。おそらくは、まだまだ、世界を調査してまわって、「続・そば学大全」を書きたいと思ってらっしゃったのではないかと推察される。それは、我々、教え子達への宿題なのかもしれない。

（信州大学学術研究院農学系教授）

KODANSHA

本書の原本は、二〇〇二年に平凡社より刊行されました。

保野敏子（またの　としこ）

1932年，京都市生まれ。京都大学農学部卒業。京都大学大学院農学研究科修了。農学博士。信州大学農学部教授を経て，信州大学名誉教授。著書に，『自然との共存　正・続』（共著），『畑作文化の誕生——縄文農耕論へのアプローチ』（共著），『ソバの絵本』（編著），『長寿県・信州の食を考える』（共編著）などがある。2020年没。

講談社学術文庫

定価はカバーに表示してあります。

そば学大全《がくたいぜん》
日本《にほん》と世界《せかい》のソバ食文化《しょくぶんか》
保野《またの》敏子《としこ》

2022年８月９日　第１刷発行

発行者　鈴木章一
発行所　株式会社講談社
　　東京都文京区音羽 2-12-21 〒112-8001
　　電話　編集（03）5395-3512
　　　　　販売（03）5395-4415
　　　　　業務（03）5395-3615
装　幀　蟹江征治
印　刷　株式会社ＫＰＳプロダクツ
製　本　株式会社国宝社
本文データ制作　講談社デジタル製作

ISBN978-4-06-529032-3

「講談社学術文庫」の刊行に当たって

これは、学術をポケットに入れることをモットーとして生まれた文庫である。学術は少年の心を養い、成年の心を満たす。その学術がポケットにはいる形で、万人のものになることは、生涯教育をうたう現代の理想である。

こうした考え方は、学術を巨大な城のように見る世間の常識に反するかもしれない。また、一部の人たちからは、学術の権威をおとすものと非難されるかもしれない。しかし、それはいずれも学術の新しい在り方を解しないものといわざるをえない。

学術は、まず魔術への挑戦から始まった。やがて、いわゆる常識をつぎつぎに改めていった。学術の権威は、幾百年、幾千年にわたる、苦しい戦いの成果である。こうしてきずきあげられた城が、一見して近づきがたいものにうつるのは、そのためである。しかし、学術の権威を、その形の上だけで判断してはならない。その生成のあとをかえりみれば、その根は常に人々の生活の中にあった。学術が大きな力たりうるのはそのためであって、生活をはなれた学術は、どこにもない。

開かれた社会といわれる現代にとって、これはまったく自明である。生活と学術との間に、もし距離があるとすれば、何をおいてもこれを埋めねばならない。もしこの距離が形の上の迷信からきているとすれば、その迷信をうち破らねばならぬ。

学術文庫は、内外の迷信を打破し、学術のために新しい天地をひらく意図をもって生まれた。文庫という小さい形と、学術という壮大な城とが、完全に両立するためには、なおいくらかの時を必要とするであろう。しかし、学術をポケットにした社会が、人間の生活にとってより豊かな社会であることは、たしかである。そうした社会の実現のために、文庫の世界に新しいジャンルを加えることができれば幸いである。

一九七六年六月

野間省一

そば学大全

日本と世界のソバ食文化

俣野敏子

講談社学術文庫